서로에게 슷하

의지하고 반응하는 것

그게 우주야

박상흥 드림

두 사람이

걷는 법에 대하여

변상욱 에세이

두 사람이 걷는 법에 대하여

멀리깊이

부끄러이,
함께 걷는 이에게 손 내민다

살아 있다는 것

지금 살아 있다는 것

지금 멀리서 개가 짖는다는 것

지금 지구가 돌고 있다는 것

지금 어딘가에서 병사가 상처 입는다는 것

지금 그네가 흔들리고 있는 것

지금 이 순간이 지나가는 것

살아 있다는 것

지금 살아 있다는 것

새는 날갯짓한다는 것

바다는 일렁인다는 것

달팽이는 기어간다는 것

사람은 사랑한다는 것

당신 손의 온기

생명이라는 것[1]

세상을 살아가는 일에 있어 내 원칙은 하나뿐이다. 어떻게든 나의 날들을 나의 날들로 살아내고야 말겠다는 것이다. 그러려면 우선 살아남아야 하고 죽은 척 눈감지 말아야 하며 내 가슴이 뛰어야 한다. 물론 힘든 건 힘든 거고 안 되는 건 안 되는 거다. 다만 더 자유롭고 따뜻하며 세상을 내 욕심으로 어지럽히지 않는 밝은 날들을 살고 싶다. 내게 작은 씨앗으로 건네진 것은 파릇한 싹을 틔우고 싶고 작은 싹으로 건네진 것은 꽃으로 피워내고 싶다. 나의 글쓰기도 그런 몸짓이리라 생각한다.

저널리스트로서 쓰고 말하며 살았지만 사람들에게서

┗ 《시를 쓴다는 것》(다니카와 슌타로 지음, 조영렬 옮김, 교유서가) 수록시 〈산다〉 중에서

벌어지는 일들을 옮겨 적었을 뿐 그들에게 손을 내밀지도 위로하지도 못했다. 여기 아픔이 있다고만 이야기했을 뿐 어떤 아픔, 얼마만큼의 아픔인지 설명하지도 못했다. 내 등에 얹어진 십자가의 무게만 힘겹게 느끼며 걸었지, 함께 짊어지고 가는 이들을 돌아보지도 못했다. 꽃은 그렇게 저만 피는 것이 아닌 것을. 가장 어둡고 차가운 곳으로 파고들어야 하는 가장 여린 몸의 뿌리, 흔들리며 버티는 줄기, 생채기 나도록 일하는 잎들이 저마다 꽃이었음을 생각하며 나를 돌아본다. 부끄러이, 옆에서 걷는 이에게 손을 내민다.

차 례

너를 인정하는 데
인색하지 않으며

02.

나를 사랑하기를
포기하지 않고

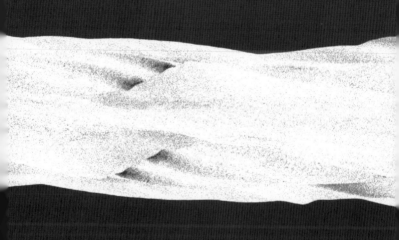

01

모두에겐 자기 몫의 _____
하늘이 있다 _____

모래에 그림을 그리며 수행하는 수도승이 감탄을 자아내는 장엄한 그림을 모래밭에 남기고 있었다. 그의 뒤에서는 아이들이 졸졸 따라다니며 공들여 그린 그림을 뭉개는 중이었다. 이를 딱하게 여긴 누군가가 그 사실을 알려주자, 수도승은 이렇게 대답했다.

"내게는 지금 이 순간이 선禪일 뿐 지나간 것에는 마음 쓸 이유가 없습니다."

아, 그렇군. 다니카와 슌타로谷川俊太郎의 《구덩이あな》라는 이야기에는 이 선승禪僧의 깨달음이 잘 드러난다. 구덩이를 파는 아이의 이름은 히로.

일요일 아침 히로는 구덩이를 파기 시작한다. 가족, 친구, 이웃들이 다가와 저마다 한마디씩 한다.

"왜 구덩이를 파는 거야?"

"구덩이를 파서 뭘 할 건데?"

"우리 같이 파면 안 될까?"

"연못을 만들어보는 건 어때?"

"함정을 만들려는 거지?"

히로의 대답은 한결같다.

"이건 내 구덩이야."

구덩이 속에서 쪼그려 앉아 하늘을 올려다본 히로는 거기서 나와 공들여 판 구덩이를 메우기 시작한다. 구덩이는 메워지고 땅은 다시 길이 된다. 하늘은 변함없지만 히로의 하늘은 달라졌다.

"구덩이 안에서 올려다본 하늘은, 여느 때보다 훨씬 파랗고 훨씬 높아 보였다."[1]

히로는 구덩이를 파고 있었던 것이 아니라, 자기만의 하늘을 만들고 있었던 것이다. 모래 그림 역시 마찬가지다. 진짜 값어치는 남겨진 그림이 아니라 그림을 완성하고 난 뒤에 사람이 어떻게 달라졌느냐로 결정된다.

모래 그림sand printing은 여러 문화권에서 발견된다. 태

---

[1] 《구덩이》, 다니카와 슌타로 지음, 와다 마코토 그림, 김숙 옮김, 북뱅크

평양과 북미, 아시아가 대표적이다. 북미 대륙에서는 나바호 인디언이 질병을 치료하기 위한 주술 의식의 일환으로 모래 그림을 그렸다. 먼저 땅 위에 밑그림을 그린 뒤 다양한 색깔의 모래를 뿌려 작품을 만든다. 모래의 색깔은 네 가지인데 이는 동서남북을 뜻한다. 그날의 의식이 끝나면 곧바로 그 작품을 흩어 지워버렸다. 모래 그림을 그리는 의식은 신성하게 여겨져 오랜 기간 외부인에게는 아예 관람이나 촬영이 허락되지 않았다 한다. 하지만 요즘은 접착제를 사용해 모래가 흩어지지 않게 고정한 뒤 화랑에서 판매하기도 한다.

페루의 수도 리마에서 태평양 연안을 따라 남쪽으로 가다 보면 파라카스 해양국립공원이 나온다. 이곳에는 사막이 있고 사막 언덕 위에 커다란 그림이 새겨져 있다. 촛대 모양이어서 칸델라브로candelabro라고 부른다. 모래 위에 그림을 그려두면 사막 바람에 지워지는 게 순리일 듯 보이나, 염분을 가득 품은 바닷바람이 모래를 다져주고 비가 내리지 않는 건조한 기후 덕에 거대한 작품이 유지된다고 한다.

호주 동쪽의 섬 바누아투에서는 유네스코 무형문화유산으로 등재된 원주민들의 모래 그림을 볼 수 있다. 이곳의 모래 그림은 살아가면서 필요한 의사소통을 위해 사용하던 수단이었다. 바다에 고기를 잡으러 나간다거나 곧 돌아오겠다는 의미로 해변에 모래 그림을 그려뒀다는 것이다. 어떤 그림이 어떤 뜻인지 가이드북이 있는 건 아니고 각 집안에서 어른들이 아이들에게 자기 부족의 그림을 가르쳐 입에서 입으로 전했다고 한다. 땅바닥이나 모래, 화산재 위에 손가락으로 그리는 이 그림은 언어가 다른 부족을 만났을 때 소통하는 방식이었다. 이 그림으로 자신들의 신화와 전설, 역사, 배 만들고 집 짓는 기술, 춤과 노래를 계승시켜 왔다니 놀랍다.

아시아의 모래 그림은 역시 불교와 관련되어 있다. 불탑의 도시인 미얀마 바간에 가면 사원 근처에 모래 그림을 그리는 화가들이 있다. 풍경도 그리고 스님들 모습도 그리지만 불교의 만다라를 그리기도 한다. 천에 접착제를 바르고 고운 모래를 뿌려 바탕을 만든 뒤 밑그림을 그리고 색을 입히는 방식이다. 티베트 승려들도 모래 그림을 그린다. 모래 만다라sand mandala를 그리는 것은 일종의 종교의식이다. 만다라는 '모든 것은 공空이고 공空은 우주의 본질'이라는 진리의 요체를 그림을 완성해 가며 깨우치는 과정이라고 한다. 독일 영화감독 베르너 헤어조크 Werner Herzog가 다큐멘터리 〈휠 오브 타임Wheel of Time〉에서 티베트 승려들이 모래 만다라를 제작하는 과정을 자세히 소개해 화제가 되기도 했다. 색을 물들인 모래로 만다라를 만드는 데 사나흘이 족히 걸리고, 완성되면 스승이 살펴본 뒤 가차 없이 흩어버린다. 이때가 바로 공空을 깨우칠 기회이다. 이 의식이 오랜 전통으로 내려오는 걸 보면 몇 십 번, 몇 백 번 그려도 그 깨달음을 얻기가 쉽진 않았던 모양이다. 애써 그린 그림이 스승 앞에서 부서지는 번갯불 같은 순간에 깨달음이 임할 수 있을까? 다큐멘터리 속에서 한 승려는 답한다. "눈을 감아도 보이지만, 보이는 걸 보여드리지는 못하죠. 마음속에 있으니까요."

따지고 보면 시장통에서 장사하고 밥 끓여 먹고 사는 평범한 우리에게도 인생무상을 깨우칠 기회는 수십 번씩 찾아온다. 몸부림쳤던 일들이 헛된 꿈으로 끝나는 일도 있고, 수많은 이별도 있다. 일생 걸린 노력이 뒤통수 한 번에 물거품이 되는 일도 종종 벌어진다. 그러니 굳이 머리 깎고 그림 그리러 들어갈 것도 없지 않은가 말이다.

우리가 사는 날들이 모두 우리의 구덩이다. 우리는 우리의 하늘을 만들고 있다.

온 하늘이
새의 길이듯

가끔 인생철학에 대해 질문을 받는다. 난해하고 답을 내놓기 어렵다. 인생이란 복잡하고 갈팡질팡하기 마련인데 그걸 철학으로 정리한다는 건 아무나 할 수 있는 일이 아니다. 다만 겪어보니 이념으로 정리하거나 철학적으로 깊이를 더하고자 하면 실제의 삶과 멀어질 위험이 있다는 건 알겠다. 현실을 제대로 살아내기 위해 무언가 지침이 필요하다면, 그것이 철학이든 종교든 겸허히 배운 뒤에는 그것들과 거리를 두는 편이 나은 경우가 많다. 거기에 빠져서 허우적거리거나 단편적인 배움을 기계적으로 적용시키면 오히려 손실인 듯했다. 더 위태로운 건 자신의 인생철학으로 다른 이를 판단하고 재단하며 '옳다', '그르다', '작다',

'크다'를 논하는 일이다. 내게 그 교훈을 깊이 새겨준 건 철학자가 아니다. 작은 이야기책의 한 대목이다.

초가집 지붕에 조롱박이 자라고 있었는데 어린 조롱박에겐 하늘 높이 뜬 달이 숭배의 대상이었다. 조롱박은 달에게 "저는 기껏해야 목마른 사람이 집어드는 바가지 정도가 될 거예요."라고 기어드는 목소리로 이야기했다. 그런 조롱박에게 달이 한마디를 건넨다.

"내가 평생 못하는 일을 네가 하겠구나."

이 말은 메이저 언론사는커녕, 험한 시절 이리저리 치이며 주요 간부직에도 이르지 못하는 내게 큰 힘이 됐고 편견을 벗어던지는 계기도 됐다. 솔직히 내 주변에는 "여기서 커봐야 바가지인 걸 어쩌겠어." 하며 자조적인 독백을 읊조리는 사람들이 많았다. 나는 그렇게 '그래, 좋은 바가지가 되어보자!'고 방향을 잡았다.

그다음도 운이 따랐다. "도랑이 되기보다는 샘이 되세요."라는 짧은 한마디를 만난 것이다. 단단한 바가지가 되어도 어디에 놓이느냐에 따라 삶의 의미가 달라지니까. 그래서 마음이 맑은 분들을 좇아다니며 가르침을 구하고 책으로라도 사사하려 애썼다. 샘에 놓인 바가지가 되고 싶었던 거다.

분명히 짚고 넘어갈 건, 달님과 조롱박의 비유는 현실

에 그대로 적용되지 않고 되어서도 안 된다는 것이다. 그것은 꽤나 심각한 프레임이다. 왜 당신은 달이고 나는 조롱박인지 물어보고 따질 수 있어야 한다. 조롱박이 달이 되고 싶다면 노력해 될 수 있는 길이 열려 있어야 한다. 계층이동의 사다리는 왜 사라지지 않고 있는지, 우리는 공공선을 위한 책무를 잊은 채 개인의 안위에만 몰두하고 있는 것은 아닌지를 물을 수 있어야 한다. 자신은 달이니 높이 빛나야 한다고 기득권처럼 여기거나 자신을 조롱박이라 한계를 짓고 거기에 머물러서도 안 된다.

인생에 철학적으로 임하는 자세에 대하여 이야기하자면 루트비히 비트겐슈타인Ludwig Josef Johann Wittgenstein을 예로 들 수 있을 듯하다. 비트겐슈타인은 후학들에게 "우리는 먼저 인생을 살아야 한다. 그다음에야 비로소 철학을 할 수 있다."고 충고했다. 결국 철학은 자기 자신에 대한 작업이니 학문적 위업보다 자신과의 문제를 해결하는 것이 중요함을 잊지 말라는 당부다. 비트겐슈타인을 시쳇말로 '팩트폭격의 철학자'라고 한다. 그는 "철학을 공부해서 얻는 효용이 그저 난해한 논리학 문제들에 대해 그럴싸하게 말할 수 있게 될 뿐, 일상의 중요한 문제들에 관한

▮ 《비트겐슈타인의 인생 노트》, 루트비히 비트겐슈타인 지음, 이윤 엮음, 필로소픽

생각을 개선시켜 주지 않고, 우리를 더 양심 있게 만들지 않는다면, 철학을 공부하는 게 무슨 소용이 있겠는가?"**라고 묻는다. 그래서 철학자의 관심은 자신의 관점이나 이론체계를 대단한 것 또는 옳은 것으로 증명하는 데에 묶여서는 안 되고, 문제를 보는 다양한 방식들을 논리적으로 설명하는 것이 중요하다고 보았다.

　　예를 들자면 "개는 왜 아픈 척 배고픈 척 연기하지 못하는가? 영리하지 못해서인가? 너무 정직하기 때문인가? 그렇다면 인간은 개와 어떻게 다른가? 너무 영리한 건가? 너무도 덜 정직하기 때문인가?"와 같은 질문은 새로운 시각과 문제 제기를 통해 나와 나 아닌 다른 존재를 바로 인식하게 만드는 질문이다. 비트겐슈타인에게서 발견한 놀랍도록 멋진 가르침 중 하나는 "영리함이라는 황량한 언덕에서 어리석음의 푸른 골짜기로 내려가라."**"는 대목이었다. 일본의 불교 저술가 마쓰바라 다이도松原泰道에게서 읽었던 "네가 정녕 큰 지혜에는 이르겠으나 큰 어리석음에는 이르지 못할 것이라."는 뼈 때리는 가르침을 비트겐슈타인도 거듭 강조한 것이다. 큰 지혜에 이르면

∎ 앞의 책

∎∎ 위의 책

광활한 사유로 우주를 살피고 세상 이치를 설파하겠지만, 어리석음에 이르지 못하면 자신의 부족함과 다른 이의 소중함을 바로 보지 못하고 결국 참에 이르는 길을 놓칠 것이라는 꾸짖음이다. 기독교의 핵심 또한 불교와 철학의 명제와 마찬가지로 "하나님이 세상을 이처럼 사랑하사… 나보다 남을 낮게 여기고 서로 사랑하라."이다. 그래서 옛 어른들은 기독교의 핵심을 '수인관미隨人觀美'로 보셨나 보다. '누구나 그 사람 속에 깃들어 있는 아름다움이 있으니 놓치지 말고 바로 보라'는 의미다.

비트겐슈타인이 평범한 이웃을 늘 비범하게 바라보고 있었다는 걸 보여주는 한 구절이 있다. "돌아가도록 하자. 저 사람들이 일하고 있는데 그 앞에서 휴가를 보내는 것은 올바른 일이 아니다."[1] 자본의 위력과 효율성을 발견해 급발진이 걸린 시대에 고귀한 노동 앞에 겸허하고자 하는 그의 모습은 존경할 만하다. 그러나 시대가 달라지면 그 정신을 본받아야지 형식까지 가져올 수는 없다. 비트겐슈타인이 살던 시절의 산업과 노동, 그리고 21세기 산업과 노동은 무엇이 다른가의 문제다. 많은 이가 서비스 산업에 종사하며 고객을 기다린다. 농민들조차도 마

▎ 《비트겐슈타인의 인생 노트》, 루트비히 비트겐슈타인 지음, 이윤 엮음, 필로소픽

케팅을 병행해야 하고 직판과 체험농장을 함께 경영한다. 땀 흘려 일하는 사람이 있는 곳으로 휴가를 갈 필요가 있는 것이다. 여러 길 중 올바른 하나를 찾는 것이 아니라 어떤 길이든 바로 가고 서로에게 유익하도록 고쳐가야 한다. 그러나 세상은 자기가 매여 있는 그 길이 옳다고 고집하는 쪽으로 자꾸만 치우친다. 나로서는 내가 몸담은 종교인 기독교, 그리고 기성 언론이 자기만이 옳다는 완고한 태도를 고집해 몹시 힘겨웠다. 우리의 삶은 종교에 예속된 어떤 것이 아니다. 우리의 삶 그 자체가 전적으로 종교에 가장 가깝다. 내 삶과 내 이웃의 삶을 누르고 숭배하는 모든 걸 거부하고자 한다.

전쟁 드라마의 걸작 〈밴드 오브 브라더스Band of Brothers〉의 마지막은 죽을 고비를 수없이 넘기며 많은 전우를 떠나보낸 지휘관 덕 윈터스의 인터뷰로 끝난다.

손자가 묻더군. "할아버지는 전쟁 영웅이세요?" 난 이리 대답했지. 아니다, 난 그저 영웅들과 함께 싸웠을 뿐이란다(One day my grandson said to me, 'Grandpa, were you a hero in the war?' And I said to him, 'No, I'm not a hero, But I have served in a company full of them').

내 옆을 지키고 내 삶을 구성하고 있는 다른 이들을 향한 시선은 이래야 옳다. 휴가를 즐기지 못할 만큼 이웃의 노동을 숭고하게 여기는 비트겐슈타인의 인생철학, 위험한 전장을 앞서 달리며 전우의 생명을 구했더라도 전쟁에 휘말린 모든 이를 존중하는 윈터스의 태도가 옳다.

살다 보면 그 길이 맞느냐는 질문도 받고 잘못된 선택은 아니냐고 꾸지람도 듣는다. 진심을 담은 충고도 있지만, 윽박지름으로써 자기가 우쭐해지려는 얄팍한 계산도 있다. 뭔가 대단한 걸 보여주는 척하지만 쥐어 짜내려는 빤한 말장난도 많다. 주눅 들지 말자. 마음이 작아지면 나보다 작은 숱한 것들이 커져버리고 나를 짓누르려 한다. 학교 다니며 문제 푸는 법이나 배웠지, 우리가 언제 인생을 배우고 연습한 적이 있던가? 어긋나고 실패하면서 배울 수밖에. 언제나 넘어진 그다음이 중요하다. "불행을 불행으로 끝내는 건 지혜롭지 못하다. 불행 앞에서 우는 사람이 되지 말고, 불행을 하나의 출발점으로 이용할 수 있는 사람이 되라."는 발자크Honoré de Balzac의 충고가 옳다. 형제와 이웃을 일으키고 다시 시작할 수 있도록 돕는 것이 사랑받는 인생이다. 조롱박이 물을 떠 해낼 수 있는 일이고 조롱박을 격려하는 달이 해낼 수 있는 일이다. 박노해 시인의 시 〈잘못 들어선 길은 없다〉가 위로와 격려가

된다.

길을 잘못 들어섰다고

슬퍼하지 마라 포기하지 마라

삶에서 잘못 들어선 길이란 없으니

온 하늘이 새의 길이듯

삶이 온통 사람의 길이니'

└ 《그러니 그대 사라지지 말아라》(박노해 지음, 느린걸음) 수록시 〈잘못 들어선 길은 없다〉 중에서

검법 속의 시크함,

스프레차투라

최근 몇 년 내가 유튜브에서 가장 많이 들여다보는 콘텐츠는 둘로 나뉜다. 하나는 태권도, 태극권, 공수도, 무에타이, 검도, 유도, 이종격투기 등 각종 무도武道와 무술武術에 관련된 것들, 그리고 남성 양복 패션에 관한 것이다. 서로 다른 영역처럼 보이지만 접점이 분명히 있다.

어떤 무술이 더 세냐? 남자 아이들이 초등학교 시절에 침 튀기며 논쟁을 벌이는 주제지만 성인들도 종종 그런다. 글쎄… 무력武力의 사용은 두 가지에 기초한다. 첫째는 목표물을 찾아 타격점을 맞히는 포착이고 둘째는 간합間合, 즉 거리이다. 그런데 무술마다 설정한 거리가 다르다. 주먹으로 치든 칼로 베든, 아니면 활로 쏘거나 미사일로

쏜다 해도 이 핵심 요소는 그대로다. 먼저 발견해 정확한 위치를 포착하고 상대의 공격이 미치지 못하는 먼 거리에서 공격하는 것이 상책이다. 군사위성과 대륙간탄도미사일을 가진 나라와 갖지 못한 나라의 무력은 그래서 차이가 난다.

검도의 오의奧義를 담은 요결 중에는 '나는 가까이, 상대는 멀리'라는 원칙이 있다. 칼을 들고 마주 선 두 사람 사이의 가장 가까운 거리는 두 점을 잇는 직선 하나뿐이다. 그런데 나는 가깝고 상대는 멀 수 있을까? 결론부터 이야기하자면 마주 서서 겨눈 같은 거리에서도 엄청난 차이가 발생한다. 그리고 그것이 승패를 가른다.

첫째, 심적인 요소. 상대에게 위압감을 느끼며 위축된 경우와 그렇지 않고 기세 좋게 달려드는 경우 둘의 거리는 달라진다. 흔히 경구의혹驚懼疑惑 또는 사계四戒라 해서 네 가지를 피하라 배운다. 놀람, 두려움, 의심, 미혹됨이다. 상대의 움직임을 보며 '이걸까', '저걸까', '공격인가, 위장모션인가' 이것저것 의심하고 혼란스러워하면 감각과 몸이 굳고 상대는 도달할 수 없는 거리로 멀어진다.

둘째는 자세이다. 뒷걸음질 치고 있거나 수비 위주로 돌아서면 이미 뒤꿈치가 바닥에 붙고 몸의 중심이 뒤로 기운다. 이때 상대를 공격하려면 자기 몸을 먼저 일으켜 세우고 중심을 앞으로 옮긴 뒤에야 뛰어들게 된다. 거리는 멀고 시간이 걸리니 그 과정이 상대에게 온통 드러나 자신의 허점이 된다.

셋째는 칼의 중심선이다. 상대의 칼이 내 칼을 누르거나 옆으로 밀어낸 상태면 나의 칼은 똑바로 겨누고 있는 상대의 칼을 돌아서 나아가야 하니 거리가 멀어진다. 고단자와 마주했을 때 공격하려는 순간 이미 내 목에 그의 칼이 꽂혀 있는 건 이런 이유 때문이다.

넷째는 호흡. 들이마시는 순간은 대개 신체반응이 멈추어 버린다. 빈틈이다. 호흡은 어깨가 들썩이며 티가 난다. 상대의 그런 순간을 포착하려면 내 호흡이 가능한한 안정되어 있어야 하고 날카로운 눈과 훈련된 감각이 갖춰져야 한다.

흔히 이야기하는 대로 '마음을 비워', '힘을 빼고', '명경지수처럼 고요한 평정심을 유지하며', '정중동 동중정' 해야 한다. 그러나 마음은 비우자 한다고 비워지는 그런 게 아니다. 흔들리지 말자 주문을 걸 때마다 바로 굳건해 진다면 얼마나 좋을까. 검도를 예로 들자면 위에서 이야기한 정신, 자세, 검의 중심선, 호흡, 훈련된 근골계와 반사신경 등 모두를 갖추어 가면서 고수가 된다. 그러나 더 고수를 만나는 순간 다시 몸은 굳고 마음은 뒷걸음질 친다. 그래서 천 번 만 번 수련하고 수양을 하는 것이다. 유튜브에서 접하고 팬이 된 박규희 기타리스트의 연주를 들을 때 가끔 궁금해지는 건 그녀의 손가락이다. 얼마나 닳고 해지고 상처 나고 아물기를 거듭했을까 보고 싶어진다. 바이올리니스트, 피아니스트 모두 마찬가지고 〈생활의 달인〉에 등장하는 달인들도 무념무상의 상태에서 천 번 만 번 연습했기 때문에 천련만단의 신기神技를 얻은 것이다.

이제 양복 패션 이야기를 해보자. 이탈리아 예술에서 비롯된 세 가지 정신이 있다. '데코로decoro', '스프레차투라sprezzatura', '그라치아grazia'다. 17세기 무렵 정립되었다는 이 세 가지가 바로 예술가가 갖춰야 할 덕목이다. '데코로'는 궁리하고 연구하고 확인하며, 연습에 연습을 거듭하고 리허설을 반복하는 지겹도록 고독한 작업을 의미한다. 그다음 '스프레차투라'는 몹시도 어려워 보이는 연주나 작업을 마치 대단한 게 아니라는 듯 능란하고 세련되게 해내는 것을 뜻한다. 데코로 없이 될 리 없지만 데코로의 흔적이나 그림자가 보이지 않도록 태연자약 해내는 모습이다. 데코로와 스프레차투라가 보는 이들을 감동시키거나 빠져들게 할 때 나타나는 우아한 아름다움이 '그라치아'이다.

이는 평생을 바쳐 이뤄내는 장인정신과 비슷할 수도 있지만 낭만과 여유, 스웩이 어우러진 조금은 다른 느낌이다. 스프레차투라만 떼어서 정의하면 이탈리아의 문인 발다사레 카스틸리오네Baldassare Castiglione의 정의대로 "우아함을 얻는 가장 보편적인 법칙으로서 '가장된 무심함', 즉 예술 또는 기술 속에서 자신이 쏟아부은 노력을 감추어 말과 행위 모두에 수고로움이나 고민한 흔적조차 보이지 않도록 하는 것, 즉 힘든 일을 무심한 듯 세심하게 유유자적하면서도 능란하게 해낸다."는 의미다. 물론 설명한 대로 데코로를 떼어낸 스프레차투라는 핵심에 다가가지 못한 '허세'가 되기에 데코로를 전제로 하고 그걸 굳이 드러내지 않는 걸 의미하는 것이다. 이탈리아 패션에서의 스프레차투라를 요즘말로 '꾸안꾸'로 표현하기도 한다. '꾸미지 않은 듯 멋지게 꾸민' 시크함이 남성 클래식 패션에서의 스프레차투라이다. 대개는 멋을 내는 데 있어서의 스프레차투라를 이야기하고 끝나지만 스프레차투라 앞에 데코로가 있듯 또 하나의 과제가 있다. 그건 '아페타치오네affettazzióne'를 떨쳐내는 것이다. 아페타치오네는 자기의 우월함과 재주를 남들 앞에서 뽐내고 싶은 과도한 열망을 가리킨다. 스프레차투라는 아페타치오네를 밀쳐두거나 걷어내고 자신을 자연스럽고 당당히 드러내는 '중용의 미덕'인 셈이다.

길게 이야기를 이어왔지만 나는 영화 〈와호장룡〉에 등장하는 대나무 숲 결투 장면이 스프레차투라를 멋지게 구현하고 있다고 생각한다. 어떻게든 상대를 흔들고 상대에게 칼을 꽂으려 용을 쓰는 장쯔이와 무심한 듯 칼을 내밀다 뒷짐을 지고 응시하는 주윤발. 그의 모습이 스프레차투라이다. 이 철학과 미학을 수트, 블레이저, 셔츠와 넥타이, 구두와 선글라스에 적용시키는 것이 패션이다. 그뿐이랴. 일상의 삶, 인생의 운명을 헤쳐나가는 데도 스프레차투라는 적용된다.

'호수 위를 노니는 백조처럼!'

걷자, 살아 있음이

드러나도록

삶이 갑갑하고 무료하게 느껴지는 날이 있다. 늪에 빠진 듯 허우적거리는 것만 같은 날, 누구나 알 만한 그런 날 말이다. 풀어내야 풀리는 건지 벗어나야 해결이 되는 건지 모호하기도 하다. 어느 특정한 날의 문제일 수도 있고 어느 시기의 정체된 모습일 수도 있다. 하루하루가 잘 풀리지 않는 느낌이 들 때면 나는 다음의 순서대로 구체적으로 묻고 답한다.

첫째, 배고픈 건 아니지?

둘째, 잠을 제대로 못 잔 거야?

셋째, 쓸쓸하거나 외롭거나… 그런 건가?

그렇다고 치자. 맛난 것이 당기고 꿀잠 좀 자고 싶고

누군가 또는 무엇인가가 그리운 거다. 각각의 경우에 따라 대응할 방법과 처신이 있겠지만 세 가지를 한꺼번에 완화하는 방책도 있다. 실컷 걷는 것이다.

흔히 묻는다. 어떻게 어딜 얼마나 걷느냐고? 그냥 걸으면 된다. 실컷 걸으면 된다. 어디라도 마구 걸으면 된다. 불교의 선禪과 마찬가지다. 스즈키 슌류鈴木俊隆 선사는 참선을 설명하면서 "그만 좀 물어보고 제발 좀 앉으라."고 가르친다. 왜 삶의 현장에서 깨우침을 구하면서 무엇을 위해 앉고, 어떻게 앉고 얼마나 앉아야 하는지 묻느냐고 되묻는다. 규칙과 결과와 대가를 계측하는 그 행위로부터 자유로워지는 것이 선의 마음이다. 가만히 앉듯이 그렇게 살아가는 게 선이다. 아무튼 걸으면 된다. 쉽게 표현해 '그저 무지막지하게' 걸으면 된다. 그러고 나면 무엇이든 맛나게 먹을 수 있고 곤하게 잠들 수 있고 외로움도 잠시 덜어낼 수 있다. 옛 어른들이 고된 작업장과 햇볕 따가운 논밭에서 경험으로 터득한 명언이 있다. "눈처럼 게으른 게 없고 손발처럼 부지런한 게 없다."는 것이다. 그날 해치울 일거리를 눈앞에 두고 한숨을 푹 내쉬며 우두커니 서 있으면 흔히 뒤통수에 날아와 꽂히던 질책이다. "이 눔아, 보구만 있으면 일이 구냐'? 몸을 써서 하다 보면 일이 구는 게지." 다른 각도에서 신영복 선생의 가르침을 빌어 이야기하면 "세상에서 가장 먼 거리는 머리에서 가슴까지다."와 비슷할지도 모르겠다. 머리로 생각한 것은 가슴에 울리기도 멀고 손발로 내려가 실천하기도 쉽지 않다. 그런 큰 깨달음은 얻기가 난망하니 아무 생각 말고 일단 걷고 땀나도록 일하는 것이 그나마 내가 할 수 있는 일인 셈이다.

강변을 하염없이 걷다 나무 벤치 하나가 비면 자리를 잡기도 한다. 조금 빈약한 샌드위치나 김밥 한 줄로 허기를 달랠 수도 있다. 생수 한 병을 들이키는 시원함도 있다. 간결함이 주는 위로와 격려다. 위대한 시인 월트 휘트먼Walt Whitman도 옷을 훌훌 벗어 던지며 걷고 햇볕을 쬐는 걸 좋아했다고 한다. 소박한 빵 조각과 목을 적셔주는 시원한 시냇물은 일종의 치유였다고 했다.

운이 좋으면 자연을 사랑한 인문학자 아널드 홀테인Theodore Arnold Haultain처럼 우주를 건질 수도 있겠다.

나는 걷고 있었다. 그때 불현듯 무엇인가가 강렬한 섬광처럼 내 뇌리 속으로 파고들었다. 온 우주가 살아 있다는 사실, 바

∟ '줄다'의 방언

로 그것이었다. 우주는 '생명'이었던 것이다. 측정 가능한 형태가 있는 '물질'과 측정할 수 없는 무형의 '마음', 서로 다른 이 두 가지의 결합체가 아니었던 것이다. 이런 이분법으로 자연을 설명할 수는 없다.**

우주와 자연에 대한 깨달음은 잘 모르겠으나 생각 없이 걸으면 좋은 생각이 마구 떠오르는 경험은 종종 해봤다. 걷다 보면 눈과 감성이 넓어지고 섬세하게 바뀐다. 내 이웃 내 주변과 직접적이고 즉각적으로 부딪히고 스치게 된다. 느끼고 겸허해지고 새로이 태어나는 것, 이것은 예술의 영역이다. 누군가 피카소Pablo Picasso에게 "예술이란 무엇입니까?"라고 물었을 때 피카소가 던진 물음이자 대답, "도대체 예술이 아닌 것은 무엇입니까?"가 이야기하고자 하는 그 예술이다. 피카소보다 한 세대 전 프랑스 화가이자 미술 이론가였던 아메데 오장팡Amédée Ozenfant도 "예술은 평범한 것이 비범하다는 걸 입증하는 것"이라고 설파한 바 있다.

보슬비와 이슬비가 번갈아 내리던 어느 날, 아내와 강화도의 한 야트막한 산을 올라 북한이 건너다보이는 전

■_《어느 인문학자의 걷기 예찬》, 아널드 홀테인 지음, 서영찬 옮김, 프로젝트 A

망대에 이른 적이 있다. 그곳에 커피를 파는 이동 카페가 기다리고 있었다. 본업으로는 대중음악을 하는 주인장이지만 생계는 이어가야 하기에 맑은 날, 비 오는 날 가릴 것 없이 커피를 준비해 산을 오른다고 했다. 코로나19 팬데믹 속에서 사람들 발길마저 뜸해진 강변 이동 카페 정경과 쥔장의 눈빛은 내게는 거장의 작품처럼 깊이 각인되어 있다. 그 마주침에 앞서 고단한 걷기의 과정이 없었다면 익숙한 광경을 평범치 않게 바라볼 수 있었을까? 지하상가나 시장을 걷다 보면 가게 문을 닫는 이들의 뒷모습과 '점포 임대'라는 게시글의 무게, 산책 나와 두리번거리는 아이들과 아이들에게서 눈을 떼지 못하는 젊은 엄마들의 표정, 숨이 차 멈춰 서서 허리를 펴며 길을 내주는 노인들의 눈빛이 비범하게 다가온다. 시인들은 늘 깨어 있어 느끼겠지만 나로서는 걷고 있을 때만 얻을 수 있는 예술적 감흥이다.

그렇게 걷다가 허락이 되면 다리에 힘을 주고 발을 굴러 뛰기도 한다. 감사하는 마음으로 겸허하게 조금만 뛴다. 나이를 넘어서려 욕심내지 않는다. 나이와 다투려고 몸부림치지 않는다. 다만 오래 반복되었기에 익숙해지기만 하고 힘껏 살아내기가 귀찮아진 내 삶의 위태로움에 맞서는 실천으로서 뛰는 것이다. 왜 그렇게 걷고 뛰어야 하느냐고? 내가 원하는 대로 내 삶을 살고 싶고, 내가 원하는 삶은 무기력하게 생기가 꺼져가는 그런 삶이 아니기 때문이다. 이것은 내가 유별나서 그런 게 아니다. 평범하지만 나의 하루, 나의 일상을 소중히 여겨 마음을 더 쏟아 붓고 싶기 때문이다. '그건 아냐, 그렇게는 아냐!'라고 마음에서 소리치는데 그렇게밖에는 살 수 없는 삶이라면 얼마나 서럽겠는가. 충만했던 기운이 잦아드는 삶, 그 위태로움에 맞선 실천. 누군가에겐 색소폰 연주겠고, 캘리그래피나 요가이기도 하겠지만 걷고 달리고 느끼고 생각하는 그것이 나로서는 예술이다.

어떤 종목을 고르는가는 저마다의 선택을 존중해야 한다. 한 가지 충고는 조심스럽게 덧붙이고 싶다. 어떤 예술을 선택해 어떤 삶을 꾸려갈 것인지는 각자가 결정할 일이지만, 어떤 걸 선택하느냐에 따라 내가 바라던 대로 '나'다워질 수도 있고 자칫 기대에 못 미칠 수도 있고 어긋날 수도 있다. 마치 영화 〈바람의 전설〉에서 주인공(이성재 분)이 처음 춤동작을 흉내 내는 순간, 영혼의 바람이 온몸을 휘감았던 것처럼 그렇게 빠져들 수 있다. 아니면 한 걸음 한 걸음 온몸과 온 마음으로 시간을 쌓아가 만날 수도 있겠다. 설명하기 어렵지만 피카소가 했던 "예술이 아닌 건 무엇입니까?"라는 말에 동의한다 쳐도 인문학에서 얻는 것과 음악이나 미술에서 얻는 것, 무예와 운동에서 얻는 성취와 흥취는 많이 다르다.

몸으로 걷고 뛰고 수련을 거듭해 무엇인가를 얻으려는 우리들의 행위를 편히 '운동'이라 칭한다면 몇 가지 조언할 게 있다. 첫째, 수련은 동작이 아니라 '타이밍'이라는 것이다. 간단한 스트레칭조차도 내 몸이 필요한 그 순간에 해야 효과와 의미가 배가된다. 모아서 특정 장소에 가 일주일에 한 번 하고 마는 운동 방식은 피하라 권하고 싶다. 의자와 소파에서 자주 일어나 조금이라도 자주 움직여서 굳은 몸을 그때그때 풀어야 한다. 오늘의 운동과 다이어트는 오늘 해야 하고, 내일의 것은 내일 해야 한다. 둘째, 운동을 가르치는 어딘가에 가서 배움을 청할 때 평생 기억해야 할 핵심적인 가르침은 첫날 배운다는 것이다. 복잡한 동작은 경기나 시연에서 필요한 것이다. 태권도의 기마 자세와 정권 지르기, 태극권의 마보와 참장공, 검도의 바로 앉고 바로 서는 자세가 그것이다. 검도를 예로 들어보자. 검도의 요체는 똑바로 서서, 칼을 똑바로 들어 똑바로 내려치는 것이다. 이게 전부다. 그러나 이를 배우는 데는 평생이 걸린다. 왜냐하면 어떤 긴박하고 위급한 순간에도 흐트러짐 없이 곧게 서서 바른 칼질을 하자면 생사를 초월한 부동심不動心의 경지와 숱한 반복이 요구되기 때문이다. 방법은 하나뿐이다. 훈련과 훈련과 훈련이다. 복잡한 기술에 연연하거나 초조해하다 제풀에 꺾이면 이루지 못한다. 기초가 궁극에 이르면 그것이 절대의 경지임을 믿어도 좋다. '걷기'라는 본능적이고 따로 배울 필요조차 없는 동작이 우리 일생 최고의 보배인 것도 그런 맥락일 거다. 걷고 뛰고 움직이시길. 우리는 살아 있지 않은가 말이다. 움직여야 살아 있는 존재임이 드러난다. 살아 있음이 드러나면 삶의 의미도 뚜렷해진다. 그렇게 예술이 된다.

거미는 그물을 치고, _____
나는 나를 긍정한다 _____

인생에서 가장 두렵고 막막했던 순간이 언제였던가. 서울로 대학에 진학한 직후다. 어머니가 하숙방을 얻어주신 뒤 주인 아주머니에게 잘 부탁드린다 인사하고 내려가신 이후 며칠, 유기 공포 내지는 분리 공포를 겪었던 듯하다. 버림받았을 리는 없고 홀로 떨어져 나온 것이 처음이어서 그랬나 보다.

  어린 시절을 돌이켜도 내 활동 반경은 정말 좁았다. 집은 답답했고 학교는 싫었고 교회는 좋았지만 정해진 날이 아니면 아무도 없었다. 그러니 갈 곳이 없었는데 대신 떠돌 곳은 있었다. 시내 거리를, 집 주변을 돌고 돌았고 뛰고 뛰었다. 아무리 쏘다녀도 거기가 전부였다. 그 삼

각지대를 혼자서는 멀리 벗어나 본 적이 없다. 분리 공포에 빠지면 친절한 누군가가 손을 내밀어도 연결이 끊어진 사람에게만 집착하지 새로운 관계 맺기에 실패하거나 오래 걸렸다. 누울 때 책상 밑으로 머리를 집어넣지 않으면 문지방에 발이 닿는 작은 하숙방은 내겐 공포에 가까웠다. 학교 캠퍼스가 길 건너인데도 낯설고 황량했다. 밤이면 시내버스를 타고 서울역 앞 고속버스터미널로 가 기다리는 승객과 내리는 승객을 지켜보며 시간을 보냈다. 정 힘들면 그 자리에서 승차권을 끊어 잠깐이라도 집에 다녀올 수 있다는 생각에 마음이 편해지곤 했다.

지금은 멘털 갑 쪽에 속한다. 남보다 잦았던 느닷없는 지방 발령에도 태평하게 짐을 꾸렸고 주말부부 생활 35년 동안에도 불평 한 번 하지 않았다. 과거의 습성이 남아는 있다. 낯선 지역에 발령받게 되면 사무실 주변, 숙소 주변을 밤늦도록 며칠이고 배회한다. 지형과 길, 주변 건물들에 익숙해지는 만큼 적응이 쉽다는 걸 알기 때문이다. 그 요령을 관념적으로 풀어 쓰자면 다음과 같다.

"움직여야 한다, 구체적으로 움직이면 구체적인 답이 나온다."

웅크린 채로 쥐어짜듯 괴로워하고 아파하면 아픈 사람이 된다. 잠시 호흡을 가다듬은 뒤 무엇이든 하는 게 옳다. 너무 오래 생각하고 준비할 필요도 없다. 움직이면서 생각해도 된다. 양치질, 간단한 체조, 숙소 주변 산책, 가벼운 안부 편지 쓰기…. 일단 움직이는 것이 답의 시작이고 그다음 답들은 꼬리를 물고 등장한다.

저마다 움직이기까지 오래 걸리는 이유가 있을 것이다. 대개는 현실을 받아들이고 인정하는 데 시간이 걸리기 때문이다. '낙관'은 앞날을 밝게 바라보는 관점이나 태도이다. 그러나 밝으려야 밝을 수 없는 상황은 얼마든지 있다. 내가 고집하는 건 '낙관'에 앞선 '긍정'이다. 어려운 상황에 처했다는 걸 부정하지 않고 인정하면서 적응해 나가는 태도가 '긍정'이다. '이게 아닌데…', '이럴 수는 없는데…' 하며 자신을 부정하면 '구체적인 움직임'을 시작하는 데 오래 걸린다. 정말 하늘은 스스로 돕는 자를 도울까? 도울 수도 있겠지만 도움이 내려오지 않을 수도 있다. 어찌 됐건 도움의 존재는 일어서려는 사람, 일어서 비틀거리며 나아간 사람과 관련된 것이다. 그 전제가 없다면 별 도리가 없다는 것이 이 격언이 갖는 의미라 여겨진다. 앞날이 그저 잘되길 바라는 낙관과 이렇게 된 바 뭐든 찾아나서 보자는 긍정은 그래서 조금은 다르다.

의지意志라는 말은 둘 다 뜻 '의' 자, 뜻 '지' 자로 같은 훈訓을 달지만 의意는 뜻을 세운다는 의미이고 지志는 뜻한 바를 밀고 나간다는 의미이다. 이 둘이 하나가 되어야 인간의 의지가 되는 것이다. 낙관과 긍정도 그러하다. 현실을 있는 대로 긍정하고 움직이되 결국 비관보다 낙관하는 힘이 작용하도록 해야 한다. 이를 심리학에서는 '스톡데일 패러독스'라고 부른다. 베트남 전쟁에 참전한 스톡데일James Bond Stockdale은 1965년부터 8년간 적군의 포로가 돼 수용소 생활을 겪었다. 스톡데일은 구출된 다음 참혹한 포로수용소 생활을 견뎌낸 사람과 그러지 못한 사람들을 비교했다. 구출된 사람들 대부분은 냉혹한 현실을 직시하며 그저 오늘 하루를 버티어 나가고자 했던 부류였다. "곧 구조될 거야, 걱정들 마."라고 낙관하던 이들은 수용 생활이 길어질수록 상심을 못 이겨 낙오하고 말았다. 현실을 객관적으로 살펴 인정하고 수용하되, 목표를 이룬다는 강한 의지가 동반되어야 한다는 의미에서 '합리적 낙관주의'라 부른다. 흔히 긍정이라면 스피노자Baruch Spinoza의《에티카Ethica》를 들이밀지만 이런 서구적 분석과 성찰은 나로서는 서툴다. 나는 오히려 일본의 방랑시인 다네다 산토카種田山頭火에게서 번뜩이는 성찰을 얻었다. "거미는 그물을 치고 나는 나를 긍정하오."

아침에 일어나 그물을 치는 거미는 '오늘도 몇 마리는 걸려들 거야.' 낙관하지 않는다. 아침 일찍 그물을 치는 '그것'이 거미로 존재하는 것이니 그물을 친다. 거미가 스스로에게서 줄을 뽑아 그물을 치듯, 스스로에게서 생生의 의지를 뽑아내 오늘도 스스로를 긍정하는 그가 인간이다.

최근 텔레비전 프로그램에서 바로 이 긍정하는 사람을 만났다. 〈유 퀴즈 온 더 블록〉이라는 프로그램에 출연한 전직 항공사 승무원이다. 취업 시험만 서른 번을 치른 그는 무려 500대 1의 경쟁률을 뚫고 학창 시절의 꿈이자 자신의 전공 분야인 항공사 승무원 직에 합격했다. 그러나 근무한 기간은 고작 1년여, 코로나19로 인해 무급휴직에 처했다가 정리해고를 당한다. 승무원이 되기 전에도 아르바이트와 무급휴직, 해고 당하기를 반복했다고 했다. 그래서 별명도 알바몬(알바괴물)이라는 이야기를 담담히 때론 유쾌하게 풀어냈다. 그는 자신을 향해 "'넌 잘하고 있어."라고 자꾸 이야기한단다. 누구도 자신에게 그런 이야기를 건네지 않으니 스스로 한다는 거다. 그러면서 부양할 가족이 있는 선배들 걱정을 앞세웠다. 고통은 피하면 더 힘들다는 걸 체득한 모양이다. 맞다, 그렇게 마주 품어 안아야 고통은 비로소 누그러진다. 무엇이든 맡아서 구체적으로 수고하면 답은 만들어진다. 세상은 그런 노력에게 경의를 표한다. 그리고 살면서 알아차린 건데 삶엔 문제가 많지만 답은 더 많다. 그래서 다들 살아가고 있는 것이다.

두 사람이 걷는 법에 _____

대하여 _____

아내와 '걷기'에 열심이었던 시절이 있다. 가장 좋았던 기억은 여수 앞바다 금오도의 비렁길이다. 비렁길로 향하기 전 경험한 이들에게 "어떤데?"라고 물었을 때 돌아오는 대답은 "걸어보면 알아!"로 모아졌고 정말 그랬다. 그러나 명소를 찾아 하는 트래킹이나 산책은 나의 걷기는 아니다. 트래킹 코스까지 차로 이동해 산책길에 들어서야 시작되는 걷기는 어딘가 부산스럽다. 혹시 이 말에 '걷기 명상'을 떠올리는 분이 계실지 모르나 그것도 아니다. '의식을 발에 집중하여 천천히, 발동작과 발이 닿는 느낌을 매순간 놓치지 않고 알아차리며' 걸어야 한다니! 그런 복잡한 수행은 내 스타일이 아니다. 어떤 이는 '건강, 건강, 건강…'

주문을 외우듯 걷는다고 한다. 간절한 바람이 얼굴 가득 씌어 있는 모습을 보면 그가 정말 건강하기를 마음으로 응원하지만, 그것도 나의 걷기는 아니다. '걷기'는 겸허함에서 시작한다. 주변의 것들을 마음으로 받아들이고 마음을 열어 느끼는 감수성에서 시작된다. 겸허하게 걸으려면 우선 날씨부터 살핀다. 따스하게 햇빛 비치는 날도 좋지만 바람 거센 무겁고 거친 날에도 '오, 정말 멋진걸!' 인사를 건네면서 시작한다. 자연에 오늘을 묻고 그에 맞추어 옷과 신발을 준비하고 거실의 난초에게 다녀오마고 눈길을 보낸다. 신발 끈을 묶고 난 뒤 '잘 부탁해'라며 신발의 어깨도 툭툭 쳐준다. 그리고 호기심 가득한 눈을 반짝이며 문밖으로 나가면 된다. 그다음은 몸과 마음에 맡기는 게 전부다. 어디를 돌아 언제까지 돌아온다는 목표와 계획은 '걷기'에 어울리지 않는다. 영등포 뒷골목, 명동과 소공동의 북적이는 거리, 백화점 지하 푸드코트에서 맨 위 식당가, 서촌에서 북촌으로 이어지는 옛길, 대학 캠퍼스 등등. 눈을 열고 마음을 열어 무엇이든 보고 무엇이든 느끼며 걸음을 흘려보낸다.

'걷기'는 인내가 필요한 작업이다. 빨리 돌아보고 싶고 얼른 되돌아가고 싶은 마음을 견뎌야 한다. 계속해 무언가 새로운 것이 눈에 들어오고 귀에 들리는데, 명상처럼 무념무상에 젖어들 리 없다. 생각은 꼬리를 물고 마음은 계속 흔들린다. 자전거를 타듯 언제나 좌우로 흔들리고 균형을 잃고 되찾고를 반복하며 앞으로 나아간다. 나는 그대로지만 눈으로 읽고 마음으로 느낀 세상이 보태져 새로운 내가 된다. 그렇게 걷기를 통해 자연과 우주를 마음에 담고 노래로 읊은 시인이 윌리엄 워즈워스William Wordsworth다. 80 평생을 20여 개 호수가 흩어져 있는 레이크 디스트릭트에서 살았다. 워즈워드의 어느 시詩든 이 작품의 장소가 어디냐 물으면 여기라고 대답할 수 있을 만큼 그는 자신이 걷고 매만진 땅에서 시를 뽑아 올렸다. 자전적 시인 〈서곡序曲〉에서 워즈워스는 더웬트 강을 '강이란 강을 통틀어 가장 아름다운 강'이라고 칭송했다. "강물의 조잘대는 소리가 내 유모의 노랫소리에 섞이던 강이고, 다섯 살의 소년은 발가벗고 물속에 뛰어들어 여름의 긴 날을 하루 종일 헤엄치고 있었다."고 노래한다.

내게 이런 예술적 감수성이 있었다면 얼마나 좋을까. 걷고 걸으며 길어 올린 작품들은 훌륭한 글 솜씨의 대가들에게 맡기고 나는 그냥 걷는다. 그 끝에 내가 만나는 건 무얼까? 결국 나 자신이다. 나의 여기저기를 느끼고 배운다. 먼저 내 무릎을 느낀다. '시큰하다'며 어떻게 할 거냐고 묻는다. 그다음은 허벅지. '뻑뻑하다'며 해결책을 요구한다. 여기저기를 거쳐 마지막은 발바닥이다. '이제 그만 멈추고 어디든 앉아야 한다'고 외친다. 발바닥이 아프고 힘들다 외치는 순간부터는 서서히 내상內傷이 시작된다는 걸 경험으로 알고 있다. 족저근막염, 종자골 골절 등 다양한 염증과 골절을 두루 겪어보고 배운 것이다. 목표 지점에 덜 왔다거나 오늘 계획한 거리는 이만큼이라는 여러 이유로 발바닥의 호소와 저항을 눌러 앉히고 한참 더 걸을 수는 있다. 하지만 삶은 자기 자신에게 맞추어 꾸리는 것이 바람직하다. 다른 무엇에 맞추어 내 삶을 꾸릴 것인가? 주저앉고 싶은 마음은 채근해 일으켜 세우면 그만이지만 내 몸에서 가장 힘겨울 발이 애원할 때는 응해야 한다. 발은 작은 크기에 비해 엄청나게 많은 뼈로 이뤄져 있다. 한쪽 발에만 26개의 뼈가 복잡하고 촘촘한 구조물을 형성해 우리 몸을 지탱한다. 두 발을 합치면 우리 몸을 구성하는 뼈의 4분의 1을 차지한다. 거기에 관절 33개, 근육 64개, 인대 56개가 발 하나에 몰려 있다. 제2의 심장이라는 칭호가 결코 과하지 않다. 언제나 어둡고 갑갑한 곳에 머물며 무게를 견디는 발이 소리친다면 들어야 한다. 대개는 머릿속 가득한 생각과 가슴에서 뛰노는 기분에 좌우되어 걸음을 옮기고 삶을 꾸리지만 내상이 깊어지면 상당히 오랜 시간 대가를 치러야 한다.

시인도 음악가도 아닌 저널리스트로서 나는 걷기에서 세상 이치도 그러함을 배운다. 발이라 불러야 할 사람들이 외치고 하소연한다면 귀를 기울여야 한다. 머리 좋은 사람들의 탁상공론과 이념에 끌려가다 보면 결국 멈추고 주저앉게 되는 게 세상사다. 쭉 뻗은 멋진 빌딩의 지하에서 많은 것들이 얽혀 겉으로 보이는 것들을 지탱하듯, 세상도 그러함을 사람들 속을 누비면서 새긴다. 웬만한 건 걷노라면 해결에 이른다. 복잡했던 마음도 무너졌던 건강도 일으켜 세울 수 있다. 또한 외로움도 사라진다. 벤저민 조윗Benjamin Jowett의 멋진 표현을 빌리자면 "혼자 있을 때 가장 외롭지 않다." 혼자서도 잘 논다는 뜻이다. 뒤집어 말하면 누구와 있어도 외로움을 느낀다. 나로서는 걷기에서 배우고 익혀야 할 것이 이것이다. 내 옆의 사람과 그렇게 함께 걸을 수 있는가의 문제다. 아내와 나만 해도 균형을 맞추어 함께 걷기란 쉽지 않다. 아내는 자연 속을 걷고 싶어 하고 나는 사람들 속을 걷고 싶어 한다. 아내는 자연주의자다. 멋진 풍광을 아름답다 감탄하며 행복해한다. 그 건강함이 늘 부럽다. 이것만큼은 분명하다. 혼자 거리에 나서 잘 걷고 노는 나, 자연 속에서 바람을 타고 걷는 너, 여기저기서 마주치는 이웃들, 이 모든 걸 합친 것이 내가 가려는 신神의 왕국이다.

당신만이
당신일 수 있다

"살아온 기적이 살아갈 기적이 된다고…."

　김종삼 시인의 시 〈어부漁夫〉를 소개해도 아마 많은 독자들은 다른 이를 떠올릴 것이다. 김종삼 시인의 시 〈어부〉는 훗날 어느 수필가에게 무한한 긍정을 선사하며 책의 제목으로 이어진다. 영문학자이자 수필가인 고故 장영희 교수의 에세이 《살아온 기적 살아갈 기적》이 그것이다. 장영희 교수가 〈어부〉를 읽고 가슴에 꼭 묻어두었다가 자신의 에세이 제목으로 삼았을 거라 확신할 만한 근거는 없다. 그러나 분명 그러했으리라.

　장영희 교수가 암이라고 판정받은 해가 2001년. 이후 투병의 시간을 보내고 완치 판정을 받았으나 암은 척추로

전이됐다. 항암치료가 재개되고 치료를 끝낸 지 1년 뒤에 암세포는 다시 간에서 발견된다. 2009년 5월까지 계속된 투병의 시간은 세상과 주위 사람들에게 사랑과 희망의 인사를 건네는 한 권의 에세이를 탄생시킨다. 살아온 날들을 기적이라 감사하고, 살아갈 날들도 하루하루 기적으로 받아들이겠노라는 무한긍정의 의지를 담았기에 제목은 '살아온 기적 살아갈 기적'이 됐으리라. 그는 미려한 문체로 에세이와 신문 칼럼을 통해 우리에게 "살아가는 일이 거칠고 숨 가쁘기도 하지만 얼마나 아름다운지 아세요?"라고 위로와 격려를 건넸다. 종종거리며 그녀의 글을 기다리다가는, 신문에 칼럼이 실리기 무섭게 후다닥 그 페이지를 펼쳐 읽던 지난날. 그렇게 누리는 호사를 누군가 윌리엄 칼로스 윌리엄스William Carlos Williams의 시 〈다름 아니라This is just to say〉를 인용해 '몰래 꺼내먹은 자두의 달고 시원한 맛'이라 표현하기도 했다(꼭 한 번 읽어보시기를 권한다).

그가 몸담았던 대학의 게시판에 '방사선 치료 때문에 식도가 타서 아무것도 먹지 못한다'는 근황을 전하는 와중에도 그는 결국은 이겨내리라 확신한다는 글을 함께 적었다. 그리고 작별 인사인 듯도, 새로운 다짐의 글인 듯도 보이는 다음의 글을 남긴다.

뒤돌아보면 내 인생에 이렇게 넘어지기를 수십 번, 남보다 조금 더 무거운 짐을 지고 가기에 좀 더 자주 넘어졌고, 그래서 어쩌면 넘어지기 전에 이미 넘어질 준비를 하고 있었는지도 모른다. 그러나 신은 다시 일어서는 법을 가르치기 위해 넘어뜨린다고 나는 믿는다. …문학은 삶의 용기를, 사랑을, 인간다운 삶을 가르친다. 문학 속에 등장하는 인물들의 치열한 삶을, 그들의 투쟁을, 그리고 그들의 승리를 나는 배우고 가르쳤다. 문학의 힘이 단지 허상이 아니라는 걸 증명하기 위해서도 나는 다시 일어날 것이다.

'다시 일어날 것'이라 약속하고는 왜 그리 일찍 떠났느냐고 탄식들 하지만 그는 분명 약속을 지켰다. 그는 태어난 지 1년 남짓 됐을 때 척수성 소아마비를 앓아 두 다리를 쓰지 못했다. 1급 장애인이다. 초등학교를 졸업한 후 중학교부터 대학교에 이르기까지 그는 입학시험을 치를 수 없었다. 부모님이 학교를 찾아가 애걸했지만 대부분 매몰차게 거절했다. 앞에 소개한 작별편지에 있던 "남보다 조금 더 무거운 짐을 지고 가기에…"라는 구절은 이런 연유다. 그녀는 그렇게 대학의 영문학 교수가 됐다. 투병을 계속하며 '문학의 숲'을, 이어서 '영미시 산책'을 연재했고 책으로 우리 곁에 남겨졌다. "나는 다시 일어날 것이다." 그는 약속을 이렇게 지켰다. 에밀리 디킨슨의 〈희망은 한 마리 새Hope Is the Thing with Feathers〉라는 시를 소개하면서 장영희 교수는 이렇게 적었다.

Hope is the thing with feathers

　　희망은 한 마리 새

That perches in the soul

　　영혼 위에 걸터앉아

And sings the tune without the words

　　가사 없는 곡조를 노래하며

And never stops at all

　　그칠 줄을 모른다

　　(중략)

…희망은 우리가 열심히 일하거나 간절히 원해서 생기는 게 아닙니다. 상처에 새살이 나오듯, 죽은 가지에 새순이 돋아나듯, 희망은 절로 생기는 겁니다. 이제는 정말 막다른 골목이라고 생각할 때, 가만히 마음속 깊이에서 들려오는 소리에 귀 기울여보세요. 한 마리 작은 새가 속삭입니다. "아니, 괜찮을 거

야, 이게 끝이 아닐 거야. 넌 해낼 수 있어." 그칠 줄 모르고 속삭입니다. 생명이 있는 한, 희망은 존재하기 때문입니다.

《살아온 기적 살아갈 기적》은 그저 한 권의 책일 수 있다. 서점에서 스쳐 지나가는 누구는 그저 한 명의 행인일 수 있다. 그러나 그 책 속의 글이 쓰인 배경, 글을 쓴 이의 인생을 조금이라도 들여다본다면 책은 그저 책이 아니다. 그렇듯 당신도 그저 길을 지나가는 한 명의 행인이 아니다. 당신에게 당신은 분명 기적이다. 당신만이 당신일 수 있다.

성공이란 이름의
거대한 사기극

'인생에서 무엇에 대해 알면 그것을 움직일 수 있지만 모르면 그것이 나를 움직인다.' 앎에 대해 이야기할 때 흔히 인용하는 경구다. 그러나 무엇에 대해 안다는 것이 과연 '무엇의 무엇'을 안다는 것인지 알아채기는 쉽지 않다. 의미? 의도? 사용법? 파훼법[1]? 이렇다 보니 '무엇의 무엇'을 알아내는 방법론도 따로 떼어 공부해야 한다. 나는 맥락과 메커니즘을 주로 살핀다. 어떻게 살 것인지를 논하면서 맥락과 메커니즘까지 살펴야 한다면 따분한 일일 수도 있지

1 운동 경기나 게임 따위에서 상대편의 전술이나 전략을 깨뜨리어 무너뜨리는 방법

만 때론 도움이 되기도 한다.

나는 맹목적인 낙관보다는 끈질긴 긍정을 주장한다. 그러나 '나'를 긍정하는 것과 '상황'을 긍정하는 것, '세상'을 긍정하는 것은 같지 않다. '긍정'도 일종의 이데올로기다. 이 이데올로기의 대표격이 '성공학'인데, 이 성공학이란 것이 다소 모호하다. 성공에 대해 개인적인 경험이나 나름의 비결이라 생각하는 걸 정리한 것들이 대부분이기 때문이다.

오리슨 마든Orison Swett Marden은 성공의 기본 원리로 목표 없이 헤매지 않는 것을 꼽는다. 그러나 목표가 없어서 방랑하는 게 아니라 목표에 접근할 경로와 시스템이 끊겨서 방황하는 것이라면 답은 달라야 한다. 에밀 라이히Emil Reich는 성공은 행운이 아니고 계획이라고 말한다. 성공이 행운으로 떨어지길 기다리는 사람이 얼마나 될까? 다들 무수한 계획과 실천을 시도하고 있고 그러다 지쳐 주저앉는다. 로또나 경마도 무진 애를 쓰다 잠시 위안이 될까 싶어 찾는 도피처다. 그러다 빠져들어 헤어 나오지 못한다. 데일 카네기Dale Carnegie는 성공은 인간관계가 좌우한다고 강조한 사람이다. 그의 유명한 명언 중 하나는 바로 "좌절도 기회가 된다."는 것이다. 그러나 좌절 속에서도 기회를 찾아보려고 몸부림치는 것이지 좌절이 무슨 좋은 기회가 되겠는가? 나폴레온 힐Napoleon Hill은 '성공을 위한 15가지 법칙'을 정리해 책으로 펴냈다. 그의 책 띠지에는 '세계 수십만 명을 성공으로 이끈 성공철학의 명저'라고 적혀 있다. 성공철학을 갖고 목표를 제대로 세운 뒤 자신을 받쳐줄 팀을 가지면 성공한다는 거다. 토니 로빈스Tony Robbins는 '당신 안의 거인을 깨우라'는 메시지로 이름을 알렸다. 왠지 어깨에 힘이 들어가게 만드는 말이다. 시쳇말로 '뽕'을 키우게 한다. 새뮤얼 스마일즈Samuel Smiles는 《자조론Self-Help》으로 유명한 성공학의 원조 격이다. '상상과 창조의 힘으로 꿈의 날개를 활짝 펴라'는 것이 그의 지론이다. "생각을 바꾸면 행동이 바뀌고, 행동을 바꾸면 인격이 바뀌고, 인격을 바꾸면 운명이 바뀐다."는 인생 명언이 그에게서 나온 작품. 무려 1859년 작품으로 그의 《자조론》은 빅토리아 시대 가치관의 핵심 요소이기도 했다. 지금껏 명저로 읽히는 까닭은 1980년대 마거릿 대처 총리 시대와 신자유주의의 발흥 때문이다. 보수당 정부가 광부 노조 등 강성 노조를 상대하며 사회 복지를 축소해 나가는 과정에서 방만하고 나태한 영국병을 고쳐야겠다고 선언하고 '스스로를 도와라, 그러면 하늘이 돕는다', '앞날이 보이지 않는 건 개인의 능력과 안목의 부족 때문'이라고 이념 공세를 펴는 과정에서 등장했다.

어떤 출판사는 한 성공학 명저를 홍보하며 '전 세계 인구의 6퍼센트에 해당하는 3억 5,000만 부가 팔린 책' 임을 강조하고 '이 책을 읽는다면 지구촌 상위 6퍼센트에 해당하는 성공학 예비자가 된다'고 강조한다. 성공학 예비자? 먼저 성공해 다른 이를 성공으로 이끌 수 있다는 건데 왠지 다단계 사다리론처럼 들리기도 한다. 노먼 빈센트 필Norman Vincent Peale의 대표작을 찍어낸 한 출판사는 기업들에게 '이 책을 직원들에게 나눠주면 직원들이 효율적이고 성실하며 창의적인 인물로 바뀌면서 기업의 이익이 엄청나게 늘 것'이라고 홍보하기도 했다.

이들 책은 대개 목표를 분명하게 세워라, 열정적으로 실천하라, 포기하지 마라, 모든 것은 마음먹기에 달려 있다고 설득한다. 시간 아껴쓰고 효율을 높이되 효율을 확 높이는 방법은 역시 인맥이라는 걸 강조한다. 그걸 습관처럼 만들어 살라는 것이다. 그러나 이들 도서의 정반대편에서 이들 성공학을 반박하는 책도 쉽게 찾을 수 있다. 이들 성공학의 맹점을 찾는 데는 몇 권이면 된다. 우리나라에 번역된 책들로는 바버라 에런라이크Barbara Ehrenreich 의《긍정의 배신Bright-sided》, 미키 맥기Micki McGee의《자기계발의 덫Makeover Culture in American Life》, 그리고 성공철학과 자기계발의 허구를 한국적 상황에 비추어 분석하고 정리한 이원석의 《거대한 사기극》이 있다. 이렇게 자기계발서와 성공주의의 허구를 파헤치는 흐름은 2020년에 와서는 능력주의의 허구성을 지적하는 흐름으로 이어진다. 책의 어느 한 부분을 요약하기보다는 에런라이크의 《긍정의 배신》의 차례와 이원석의 《거대한 사기극》의 차례를 읽는 것이 맥락을 이해하는 데 더 도움이 될 듯해 옮겨 놓는다.

《긍정의 배신》[1] 차례 중 일부

암은 축복? | 낙관주의의 어두운 뿌리 | 신사상[2] | 기업에 파고든 동기 유발 산업 | 구조 조정의 상처 가리기 | 하느님은 당신이 부자가 되길 원하신다 | 조엘 오스틴의 긍정신학 | 기업을 닮아 가는 초대형 교회 | 자기계발로의 변신 | 긍정적 사고는 어떻게 경제를 무너뜨렸나

《거대한 사기극》[3] 차례 중 일부

[1] 《긍정의 배신》, 바버라 에런라이크 지음, 전미영 옮김, 부키

[2] 19세기 미국에서 시작된 정신치료운동. 종교적 형이상학에 바탕을 두고 있다.

[3] 《거대한 사기극》, 이원석 지음, 북바이북

성공철학, 자기계발의 허구성을 지적하는 이유는 인간의 본질이 관계와 의존이고 사회의 본질은 구조와 변동이기 때문이다. 그에 대한 깊은 이해를 통해 공동선에 이르러야 한다는 취지에서다. 개인의 노력과 발전, 굽히지 않는 의지는 엄청난 가치와 힘을 갖는다. 누구의 삶에서든 그때 비록 힘들고 가진 게 없었지만 조금 더 견디었다면 조금 더 노력했다면 지금과 다른 길에 있을 그런 순간이 있다. 그렇게 성공한 사람도 있다. 그것을 부인하는 게 아니라 각자도생 식의 성공철학과 자기계발론의 범람은 더 크고 심각한 문제를 가리고 그 문제를 해결할 우리의 노력을 잠재울 수 있음을 우려하는 것이다. 사람이 자신을 스스로 가꾸어 가면 그게 전부이고 뭐든 실현할 수 있다는 관념은 근본적으로 오해다. 오히려 자신의 근본으로부터, 자신의 발전을 도와준 사람들로부터, 도와줘야 할 사람들부터 멀어지게 만든다는 것이다. 간결한 예를 들어보자. 어머니날에 어머니가 아이들에게 카드를 썼다.

"여기 내가 허리 구부정해지도록 일해 마련해 온 음식들이 있다. 여기 우리가 사는 곳은 먹을 거 먹지 못해도 임대료는 내야만 쫓겨나지 않는 임대 아파트다. 너희가 투정 부린 음식, 입고 신고 벗어던진 옷과 신발들이 여기 있다. 이게 너희들이 실현한 자아냐?"

집안일과 가족 부양 외에 다른 곳에서는 자기계발과 자아실현이 허용되지 않았던 여성, 일생 밭농사와 부업으로 자식을 가르치고 도시로 내보낸 시골의 부모들, 살아남기 위해 하루 종일 뛰어야 하는 플랫폼 노동자에게 성공의 철학은 멀다. 이들의 희생으로 마련된 부와 가치를 자기계발을 할 수 있는 소수가 독과점한다면 이 체제는 정의로운가?

어느 쪽이 옳은가에 대한 판단은 접어두고 우리의 인식만큼은 양쪽을 두루 살펴 균형을 찾아야 한다는 걸 이야기하고 싶다. 성공과 자기계발, 긍정, 능력에 치우친 이데올로기도, 그걸 비판하는 분석도 배경과 맥락과 메커니즘 속에서 움직인다. 이 두 흐름을 진지하게 살펴 알고 접하는 것과 우연히 마주친 한두 권의 책으로 만나는 건 다르다는 것이다. 성공철학으로 일가를 이룬 사람이 있다면 그는 보다 나은 세상을 위한 진보적 신념을 가지고 다른 이에게도 기회가 주어지도록 힘써야 한다. 성공에 못이르렀다고 자신을 억압하며 오늘도 자기계발서를 쇼핑하는 이들도 굴레에서 벗어나 평안을 찾고 스스로를 다독일 필요가 있다. 또한 모든 걸 사회 탓으로 돌리며 성장하기를 멈춘 사람이 있다면 자신에게 더 기회를 줘야 한다. 진지하면 진지한 대로 수렁에 빠지기 쉽다. 세상의 구조와 세상사의 맥락을 두루 읽어내야 한다. 개개인이 접근하기 힘드니 사회과학과 저널리즘이 그 역할을 맡아야 한다. 과학과 저널리즘이 그 역할을 방기한다면 거대한 사기극에 동조하는 게 아닐까?

세상에 노래는

한 곡뿐이다

나는 지금껏 어찌어찌 살아온 내 자신을 종종 이런 말로 격려한다.

"고생했고, 애썼다."

이런 칭찬도 한다.

"그만하면 잘해낸 거야."

가끔은 이런 말도 건넨다.

"운이 좋았기 때문이지, 충분히 잘한 건 아냐."

진지한 성찰을 토대로 깊은 철학적 의미를 끌어내는 건 잘하지 못하고, 하지 않기도 한다. 길게 생각하는 걸 번거롭게 여기기도 한다. 필요하지 않다고 생각할 때도 있다. 그렇게 요리조리 생각하지 않아도 대부분 자기 자신은 분명하고 확실하게 알고 있다. 아슬아슬했다는 것, 정성을 다하지 못했다는 것, 살짝 눙치고 넘어갔거나 요령이 통했을 뿐이라는 것, 정말 어리석었다는 것……. 변명을 하려니 길어지기 십상이고 부끄러움을 덜려다 보니 논리가 복잡해지는 경우가 많다.

내가 좋아하는 앤소니 드 멜로Anthony de Mello 신부가 쓴 《1분 지혜One minute wisdom》라는 책이 있다. 1분에 통찰과 지혜를 담아낼 수 있을까? 책의 첫 장을 열면 '1분, 그렇게 오래 걸려야 하느냐?'고 묻는다. 달이 뜬 걸 바라보는 데 몇 분이 필요할까? 감았던 눈을 뜨면 그만이다. 문제는 눈을 안 뜨거나 못 뜨는 것이다. 남을 들여다보려니 어렵고 세상을 읽어내는 건 복잡하지만, 자신을 들여다보는 건 눈 뜨면 바로다. 그러다 보면 자신에게 긴 이야기는 더 필요 없기도 하다. 내가 나랑 이야기를 마쳤는데 그걸 글로 써내라면 방학 숙제의 밀린 일기 쓰기처럼 되어버려 무척 난감하다. 오늘이 왔고 나의 하루가 시작됐고 먹고 웃고 일하면 됐지 꼭 거기에 반성의 글을 얹어야 한다니 내 스타일이 아니다. 그래서 집필을 권하는 여러 편집자께 무례를 범했고 한편 죄송하다.

토니 모리슨Toni Morrison의 말을 빌리자면 "인생에 어느 순간이 오면 이 세상의 아름다움은 그 자체로도 충분해진다. 사진으로도 남길 필요 없고 그림으로 그릴 필요도, 심지어 기억할 필요도 없다. 세상이 거기에 있다는 사실만으로도 충분하다." 믿어 주셨으면 좋겠다. 정말이다. 토니 모리슨이 적절히 표현하고 있다. 교회에 오래 다녔으니 찬송가를 많이도 불렀으나 지금은 못 부른다. 동의할 수 없는 비유와 허상이 가득해서 큰 소리로 따라 부를 수 없다. 가까운 후배가 '요즘 마음으로 찬송하지 않는 것이냐'고 물어와 솔직하게 답한 적이 있다.

"요즘은 한 곡만 계속 부르는데 그나마도 다 못 불러."

-어떤 곡을?

"〈또 하나의 열매를 바라시며〉."

-누구나 다 아는 노래를 부르면서 왜?

"하여튼 울어. 그래서 다 부르지 못해."

노래는 이렇게 시작한다.

"감사해요. 깨닫지 못했었는데. 내가 얼마나 소중한 존재라는 걸…."

이 한 소절을 끝마치기가 힘들다. "감사해요."라는 발음을 내는 순간 이미 울먹이기 시작해서 "깨닫지 못했었는데"를 부르면서는 눈물이 터진다. 아주 오래 그랬고 지금도 다르진 않다. '왜 우는가'에 대한 생각은 접어둔 채로 지냈다. 몇 년 전 아내와 스페인 몬세라트 수도원에 오르며 '왜 나는 우는가?'를 생각하다 크게 울었고 더는 따져 묻지 않는다. 신의 은총, 인생의 회한 등 어떤 설명이든 붙일 수 있겠지만 그럴 필요가 없는 듯하다. 노래가 있고 눈물이 있으면 그만이지 끝까지 부를 필요도, 따져 물을 필요도 없지 않은가 말이다.

그러나 마음 한구석에 남는 무엇인가가 있다. 산 아랫마을에 살던 어린 시절, 산 중턱에 용화사라는 꽤 큰 절이 있었다. 나는 종종 절 입구에 세워진 석비石碑의 비문을 읽곤 했다. 기억 속 첫머리의 뜻은 이러했다. '불법을 말이나 글로 확실하게 전할 수야 있겠는가. 불충분하나 함께 나누고 익힐 수 있다면 그 또한 뜻있는 것이니 애써 봄직하다.' 노자 도덕경의 시작인 "도가도 비상도 명가명 비상명(道可道 非常道 名可名 非常名; 도란 이런 것이다 설명할 수도, '이거다'라고 이름 붙일 수도 없는 것)"이라는 가르침 역시 마찬가지라 생각한다. 스스로 깨달았다 여기는 것도 섣불리 옮기는 것도 경계하며 진중히 행하라는 말씀이다. 유대교 랍비 아브라함 헤셸Abraham Joshua Heschel의 가르침도 떠오른다. 그는 《누가 사람이냐?Who is Man?》라는 저술에서 '인간은 자기 자신에 대해 기술할 수 있는 존재다. 자기 본성을 기술할 수도 있지만 그것을 통해 자기의 본성을 창조해낼 수도 있는 존재다. 인간 아닌 어떤 존재가 그것이 가능하겠는가'라고 묻는다. 서로에게 소중했던 가르침이나 교훈은 나누는 것이 옳고 무언가를 얻든 못 얻든 그것은 그의 몫이 아닐 것이다. 지레 자기가 규정해 가로막는 것도 오만함일 거라 생각한다.

그럼에도 불구하고 '나는 어떤 삶을 살 것인가?'라는 거대한 질문을 자꾸 자꾸 던지는 건 권하고 싶지 않다. 너무 고달픈 일 아닐까? 구체적으로 물어야 구체적인 답이 나온다. 사과나무는 '사과란 무엇인가? 땅과 하늘과 바람 속에서 사과나무가 살아갈 길은 무엇인가?'라고 자꾸 묻지 않는다. 사과나무의 목표는 분명하다. 해마다 작은 가지를 새로 내고 꽃눈을 틔우고 열매를 맺고 다시 동면하며 다음 해를 기다리는 것이다. 우리 삶도 거창하고 난해한 관념들을 떼어내면 그와 다를 바 없다. 거기서 시작해야 한다. 구체적으로 움직이면 구체적인 답이 나온다. 먼저 구체적인 질문을 던지며 시작하시길. 그래야 나의 인생이 시작된다. 세상에 노래는 한 곡뿐이다. 삶이 순간순간이니 그때그때 노래도 한 곡이면 충분하다. 그리고 마음이 통해 함께 부를 수 있다면, 하나의 꽃에서 멈추지 않고 여러 꽃이 함께 핀다면 그것이 사과나무다.

멈춰 있는 행복도 _____

멈춰 있는 불행도 없다 _____

아침부터 약속이 이어지다 이른 점심을 먹었고 카페도 봉
쇄된 터라 커피 한잔 뽑아 들고 사무실로 출근했다. 혹시
나 해서 디저트를 넉넉히 샀는데, 마침 일이 많아 일찍 출
근한 젊은 동료들과 모처럼 오붓하게 커피 브레이크를 즐
길 수 있었다. 젊은 동료라고는 하지만 아들딸보다 한참
어린 나이들이다. 한 친구가 "불행하다고 느끼신 적은 없
으시죠?" 훅 치고 들어온다. 역시 요즘 세대는 우리 때와
다르다. 한참 분위기 잡다가 '인생에 도움이 될 만한 말씀
이 있으시면…' 하며 눈치 살피는 게 우리 시절의 방식이
었지. 질문은 짧지만 엄청난 도전이다. 지금에 이르러 나
의 행복과 불행을 저울질해야 하다니. 그러다 보니 떠오르

는 장면이 있다. 내게도 행복하겠다고 마음을 다지던 시간들이 있었다.

나에게는 아버지와 함께한 정겹고 따뜻한 추억이 거의 없다. 워낙 늦둥이로 태어났고 아버지는 집안에서 아이와 말을 섞는 성격이 아니셨다. 그저 몇 개의 장면들만 내 기억 속에 남아 있을 뿐이다. 어린 시절 아버지를 따라 선산에 성묘를 가곤 했는데 선산 어귀 야트막한 언덕에 덩그러니 떨어져 나온 묘가 있었다. 늘 그대로 지나치는 묘였는데 하루는 아버지가 그쪽으로 발을 옮기셨다. 그러고는 작은아버지에게 나지막이 혼잣말인 듯 해설을 붙이셨다.

"…우리 집안 어른인데 문장이 빼어났다고 들었어. 이 근방 으뜸이라 할 글솜씨였다누만. 젊은 나이에 문리文理가 트였고 큰 꿈도 있었는데 거기가 끝이었지. 가난한 산골을 벗어날 길도 막막했지만 더구나 서출이었으니 별 도리가 없었던 게야. 목을 맨 그 자리에 모셨다 하더라구."

늘그막에 거둔 어린 아들이 가까이 있는 탓인지 집안 어두운 이야기는 거기가 끝이었다. 잠시 나를 바라보시더니 휘적휘적 다시 언덕을 오르셨고 나는 뒤를 따랐다. 아버지는 그 무덤 언덕에 때로 서곤 하셨나 보다.

아버지의 호는 춘파(春坡; 봄 언덕)였다. 훗날 아버지의 제자들이 세운 교은비教恩碑에 새긴 글에서 읽었다. 겨울이면 소설개로(掃雪開路; 눈을 치워 길을 내다)함으로 서당을 빠지지 않았고 어둔 밤 험한 산길도 마다하지 않았다 하니 악착같이 글공부를 하신 모양이다. 그래서 꿈을 이루신 걸까? 가끔 그런 생각을 했다. 젊은 시절, 피죽을 끓여야 했고 징용징병을 피해 다녀야 했던 그 시대의 아버지는 집안 누군가가 꿈을 묻어야 했던 그 언덕에서 무슨 생각을 하셨을까. 그리고 환갑을 바라보는 나이에 열 살도 채 되지 않은 늦둥이가 졸졸 뒤를 따라 산길을 오르는 걸 바라보며 어디까지 기대를 품으셨을까?

기억나는 장면은 있다. 강아지를 데리고 아침 산책에 따라 나섰을 때 만난 친구 분이 "이놈은 공부 잘하나?"라고 묻자 "곧잘. 머리 숱 많고 검으면 재주는 별로라던데 아닌가…?" 대답하셨다. 은근히 기분이 나빴는데 지금 생각하면 당시 어른들의 겸양의 표현이었지 싶다. 어쩌면 '이대로라면 나보다 낫지 않을까?' 하고 속으로 흐뭇해하고 계셨을 수도. 족보를 읽어보면 아버지의 기록은 한문으로 대여섯 줄 등장한다. "1909년생으로 천성이 온후하고 재능 탁월하였으며 가세가 기울어 어려움에도 불구하고 뜻을 세워 주경야독 하였는바 강습소를 세워 마을 아이들을 가르쳐 민족정신을 길러주고자 힘썼다. 이후 한의韓醫에 응시하여 널리 인술仁術을 펼쳤다."라고 되어 있다. 행간을 읽은 분들은 아버지가 정규교육을 받아본 적이 없는 분이라는 걸 아셨을 거다. 서당에서 배웠고 서당을 차렸고 다행히 건국 직후의 한의사 국가고시는 지금과 달리 학력 조건 없이 누구나 응시할 수 있었기에 의술의 길을 가셨던 거다. 그래도 명망이 높으셨던 모양이다. 지금으로 치면 광역 한의사협회장도 세 번을 연거푸 맡으셨으니까.

그렇게 아버지는 주경야독한 글공부 덕에 산골을 벗어나 도시에 터를 잡고 지역 유지 소리를 들으셨다. 물론 오래가진 않았다. 환갑을 넘기시고 조금 지나 뇌출혈로 자리보전하셨으니 명망은 10년 남짓 될 것이었다. 자리에 눕게 되니 아들의 앞날이 걱정되셨던 모양이다. 하루는 "어쩔 테냐, 성적을 보니 고향에 남으면 등록금 걱정은 안 해도 될 텐데…." 병석에서 말끝을 흐리셨다. 알아서 잘 생각해보겠다는 성의 없는 대답을 던졌지만 속으로는 '떠나겠습니다. 넓은 곳으로 갈 겁니다. 멈추는 건 답이 아닙니다. 아버지도 그러셨잖아요.'라고 답하고 있었다. 아버지의 말씀도 고향에 남으라는 이야기가 아니었을 거라 생각한다. 미안하다는 말씀을 하고 싶으신 거였겠지.

그렇게 나는 고향을 떠났고 아버지는 아버지의 고향으로 요양차 들어가셨다. 몇 번이나 찾아뵈었을까? 여름 적삼 아래로 드러난 여윈 팔뚝에 시퍼렇게 비치는 정맥이 몹시 안쓰러워 보였고 힘겹게 이어가던 한두 마디 안부가 전부였다. 그로부터 두어 해 뒤, 아버지는 영정을 받쳐 든 내 뒤를 따라 그 무덤 언덕을 지나 선산 높고 양지바른 곳에 누우셨다. 긴 행렬이 운구 뒤를 따랐다. 맨 앞에서 영정을 들고 산길을 걸었으니 제대로 보진 못했지만 구비를 돌며 행렬이 이어졌던 게 기억난다. 마지막 떠나는 길을 배웅하는 행렬이 몇 리에 이르렀다고 마을 학교 문집에 기록될 정도였으니 길기는 길었나 보다. 그러나 나는 울지 않았다. 단 한 번도 울지 않았다.

그래서 울음이 새어 나오나 보다. 특히 프랑스 영화 〈미라클 벨리에La Famille Belier〉의 OST 〈비상Je Vole〉을 들을 때면 십중팔구는 운다. 그래서 욕실에서만 듣는다. 시골 여학생인 주인공이 장애가 있는 부모의 곁을 떠나 대도시 학교로 진학하면서 부르는 노래다.

사랑하는 엄마 아빠

저는 떠나요,

사랑하지만 저는 떠나요.

당신들의 그 아이는 이제 없어요.

오늘 밤 도망가는 게 아니라

날개를 편 거예요.

이해해 주세요,

저는 날아오를 거예요….

　나를 떠나보내는 그분들은 불행했을까? 모르겠다, 그리고 이제 와 물을 필요 없는 일이다. 나는 행복했을까? 그것 역시 답을 찾을 필요 없는 일이다. 살아 있다면 된 거다. 멈춰 있는 행복도 멈춰 있는 불행도 없다. 가슴이 뛰면 되고 손을 마주 잡아 따뜻하면 된다. 잠시 울고 크게 웃으며 앞으로 나아가면 그뿐이다. 그 언덕에서 아버지와 아들이 나란히 서서 나를 응원하고 있다.

아버지의 _____

꽃, 상사화 _____

어린 시절 봄날의 정원은 그럴듯했다. 적산가옥이었는지
는 모르지만 마당이 넓은 일본식의 낡은 집이었다. 초등학
교(당시는 국민학교) 2학년 때 이사해 들어갔다. 이전 주
인의 취향이었을까? 정원 말고 온실까지 마련돼 있었다
(물론 우리는 창고로 썼지만). 정원 오른쪽 끝은 제법 굵
직한 라일락, 왼쪽 끝은 사철나무가 자리를 차지하고 있었
다. 정원 뒤편 담장은 나팔꽃, 맨 앞줄은 채송화였다. 그리
고 요즘은 보기 힘든 맨드라미, 칸나, 샐비어 등이 피었다.
어머니는 라일락꽃이 피면 꽤 감정을 드러내시며 좋아했
고 아버지는 수국을 좋아하셨다.

어느 봄날 어린 아들과 아버지가 함께 마루 끝에 걸터

앉았다. 그리된 과정은 모르겠는데 어쨌거나 집안에서 보기 드문 광경이다. 내 기억에도 그날 딱 하루뿐이다. 너무 무심히 지냈다 여겨 억지로라도 아들 곁에 붙어보신 걸까? 그날의 봄기운이 부른 정취였을까? 그런들 환갑이 다 되어가는 아버지가 초등생 아들과 춘정春情을 논할 것도 아니니 어색하고 멋쩍은 순간이었다.

"꽃이 피는구나."

-네.

"이것저것 다 피는데 저 놈은 꽃대도 안 올라왔네."

-그러네요.

"하긴 저건 그렇겠다. 무슨 꽃인지 아느냐?"

-몰라요.

"난초인데 꽃은 잎이 사라진 뒤에나 핀다."

-네(그래서 뭐 어쩌라고요?).

"견엽불견화見葉不見花요…"

-견화불견엽見花不見葉이군요.

"……."

내가 기억하기로, 내게 관심을 보인 아버지의 첫 얼굴이었다. 무슨 생각을 하셨는지 이제 와 생각해 본들(뭐 어쩌라고)…. 그 표정, 그리고 그날 오간 대화는 이상하게도 오랫동안 기억에 남았고 봄의 꽃처럼 때만 되면 떠오른다. 그런데 문제가 있다. 그날의 이야기대로라면 난초는 잎이 진 뒤 꽃이 피어야 하는데 그러지를 않는 것이다. 난초꽃을 만나면 종종 아버지와 주고받은 구절이 떠오르는데 난초꽃은 푸른 잎을 잔뜩 휘두른 채 고고히 향을 뿜내고 있다. 기억의 왜곡인가 싶었지만 한문으로 읊은 구절이 기억나는 마당에 꽃 이름이 틀릴 리는 없다. 딱히 신경을 써 확인할 것도 아니니 이름을 잘못 기억한 걸로 치고 넘어가곤 했다. 기회는 뜻하지 않게 찾아왔다. 포털 검색 시대가 열린 것이다. 나는 검색창에 꽤나 긴 키워드를 넣었다. '잎이 완전히 지고 꽃이 피는.'

상사화相思花

수선화과에 속하는 여러해살이풀. 한국을 비롯한 전 세계의 정원이나 화분에서 관상용으로 재배하고 있다. 키는 60cm 정도. 잎이 비늘줄기에 모여 나지만 여름에 꽃이 나오기 전에 말라 죽는다. 우리말 이름은 '개가재무릇'. 그리고 또 다른 이름 '개난초'.

아, 역시 난초였구나. 꽃말은 당연히 '이룰 수 없는 사랑'이다. 꽃이 필 때는 잎이 사라져 없고 잎이 있으면 꽃이 나오질 않으니 옛사람들은 꽃과 잎이 서로에게 이르지 못해 그리워한다고 여겨 '상사화'로 불렀다. 전북 고창 선운사의 무리 지어 핀 상사화가 유명해 사람들의 발길이 향하고, 전남 영광 불갑사가 자리한 불갑산에서는 상사화 축제도 열린다. 그러나 절 근처에 군락을 이뤄 피는 상사화는 주로 '꽃무릇'이다. 같은 수선화지만 학명도 다르고 상사화는 여름에 피는데 꽃무릇은 가을이 되어야 핀다. 그리고 상사화는 잎 다음에 꽃, 꽃무릇은 꽃 다음에 잎이 나온다. 두 꽃이 함께 피어 있는 경우는 없다. 8월까지는 모두 상사화, 9월부터는 모두 꽃무릇이다.

꽃 이름에 '무릇'이라 붙는 말은 무리를 지어 피는 모습에서 이름 붙인 것. 상사화는 군락을 이루기 힘들다 한다. 잎이 모두 지고 꽃이 필 정도로 소심하고 조심스러우니 그럴 만도 하겠다. 따뜻해야 꽃이 핀다고 생각하기 쉽지만 꽃은 추워야 피어난다. 가을이 깊어 추위가 다가온다 싶으면 견딜 수 없는 꽃나무와 여러해살이 풀들은 겨울잠을 준비한다. 저마다 누구는 영하 5도, 누구는 영하 7도… 이렇게 임계점이 있다. 영하 5도 이하로 몇 번이나 내려가는지 차곡차곡 데이터를 모아 분석한 뒤 일정 횟수 이하가 되면 '봄이 왔겠구나' 판단해 꽃눈 틔울 준비를 한다. 준비를 하면서 기준 이상의 영상 기온이 얼마나 일정 기간 유지되는지 다시 측정해 데이터를 모은다. 반짝 따뜻해졌는데 믿고 꽃눈을 내보냈다간 되돌아온 추위에 얼어 죽기 십상이라 신중히 확인하는 것이다. 그러고 나서도 기준치 이상의 온도가 유지되는지 확인해 꽃잎이 벌어지기 시작한다. 돌다리도 두드려 보고 건너는 신중함인데 그리 따지면 신중함의 맨 끝에 상사화가 있는 셈이다.

아버지와 주고받은 따뜻한(?) 대화는 더 있기도 하겠지만 기억 못하니 이것 하나라 친다. 나머지 다른 대화의 기억은 공자, 맹자, 다케다 신켄, 도쿠가와 이에야스 등의 이름이 들어가는 맨스플레인이다. 이른 새벽 눈 비비고 투정하는 녀석을 깨워 천자문 가르친다고 닦달한 게 미안도 하셨을까? "견화불견엽이죠." 퉁명한 한마디가 그 미안함을 조금이라도 덜어드렸길 바란다.

나이 꽤나 든 어느 날 아버지에게 짤막한 편지글을 쓴 적이 있다. 세상 떠나신 지도 수십 년인데, 누가 쓰라 한 것도 아닌데 그냥 써지니 썼다.

"…이유도 없이 시작된 길을 걸어 걸어 여기까지 왔습니다… 원망하는 건 아닙니다. 그저 야윈 팔뚝에 돋은 푸른 정맥이 늘 슬퍼 보였다는 이야기를 하고 싶었습니다. 평안하시길 빕니다…"

나이 조금 더 먹고 보니 "슬퍼 보였습니다."와 "평안하시길 빕니다." 사이에 이 말을 넣었어야 했다는 생각이다.

"말하지 않았지만 늘 감사했습니다."

너를 인정하는 데

인색하지 않으며

02

한 번도 남자와 여자를
구분해 부르지 않은 하나님

어쩌다 인연을 맺어 함께해 온 사단법인 '문화미래 이프'
가 법인을 청산한다고 연락해 왔다. 예전 이름으로는 '페
미니스트 저널 이프'. 인연의 시작은 아이 키우는 아빠들
의 육아일기 《아빠 뭐해?》의 공동저자로 참여하면서다. 그
렇게 친해진 운영진과 편집팀에 자꾸 끼어 어울리다 보니
안티 미스코리아, 성폭력 추방 페스티벌의 운영진이 되기
도 했고, 결국 등기 이사 노릇까지 이어졌다. 20년 인연이
다. 법인을 청산한다고 해서 자동이체 계좌를 정리했다.
고맙다는 인사를 표현한 적이 없는데 이 자리를 빌려 적어
두련다. 정말 고마운 인연이다. '사랑하면 알게 되고 알면
보이는데 그때 보이는 건 이전과 같지 아니하다'는 그 말

그대로다.

돌이켜 보면 이프와의 만남이 페미니즘과의 첫 맞닥뜨림은 아니다. 첫 번째 조우는 35년 전쯤 여성 신학자 세미나에서 당시 여성 노동자들의 대모代母로 온갖 차별과 탄압에 맞서 싸우던 조화순 목사의 기도였다. 기도의 첫 대목 "세상을 지으신 뒤 한 번도 사람을 남자와 여자로 구분해 부르지 않으신 하나님…"만 기억하지만 내 눈에 씌워진 비늘을 걷어내는 데는 그 한마디로 충분했다. 그러나 내 노력과 성찰은 충분하지 않았다. 아직도 어정쩡하고 어물어물하다.

그때 떠오른 의문은 '왜 대학에서는 여권女權에 관하여 단 한 권도, 한 줄도 접하지 못했을까'라는 것이었다. 그래도 그 와중에 듬성듬성 책도 읽고 띄엄띄엄 기록도 찾아가며 어깨 너머로 들여다봤으니 이프와의 인연도 가능했을 터이다. 그 체계 없는 공부도 이제는 손에서 놓아버렸고 지금은 담론에 등장하는 개념들조차 제대로 이해 못하는 처지다. 괜한 허명만 남아 국무총리실양성평등위원회나 여성가족부, 여성재단에 자문위원으로 이름을 올리는 황당한 일도 벌어졌는데 삼가려 한다. 돌이켜 보니 이것저것 들추던 여정은 '이슬람 속 페미니즘'에서 멈춰 선 듯하다.

제1차 세계대전이 시작될 때 영국과 터키는 서로 적이었다. 그리고 이집트는 터키의 지배하에 있었다. 영국은 이집트의 지정학적 위치나 역사적 가치를 탐내 보호한다면서 덜컥 집어삼켰다. 이집트인들의 결속과 집회를 금지했고 식량을 쓸어 담아갔다. 곧이어 강제징용과 징병이 시작된다. 우리나라가 겪은 과정과 흡사하다. 쥐어 짜낼 게 똑같으니 제국의 침략 과정도 똑같다. 끌려간 이집트인들은 유럽과 중동 전선에 배치됐고 그 숫자가 150만 명에 이르렀다고 한다. 전쟁에서 승리하면 이집트를 독립시켜 주겠다고 약속했지만 약속을 저버리고 민족운동을 이끄는 지도자들을 추방하며 야욕을 드러냈다. 파업과 시위가 벌어지고 유혈진압이 뒤따르고 민중봉기가 폭발하고 수많은 목숨이 희생됐다. 이때 이집트 여성들이 독립운동과 시위에 뛰어 들었는데 아랍권에서 여성이 대중시위에 참여한 첫 번째 기록이다.

당시 이집트 여성들의 바깥 외출은 엄하게 통제받고 있었다. 하렘(이슬람 국가에서 여자들이 분리되어 기거하는 방)이나 집안에만 머물러 있어야 했던 여성들이 거리에서 시위를 하고 농성을 벌였다. 그때 여성의 시위를 이끈 지도자가 후다 샤으라위Huda Sha'arāwi다. 그는 로마 여성인권회의에 참석한 후 귀국하면서 히잡을 벗고 군중 앞에 나섰고 일부 여성이 후다 샤으라위를 따라 히잡을 벗어던진 것이 이집트 여권운동의 불씨였다고 평가된다. 1919년의 이집트 민중 운동은 우리 3·1운동보다는 성공적이어서 형식적이나마 영국의 양보를 이끌어냈다. 그리고 이집트 페미니스트 동맹이 창설됐다.

여성은 그 빛으로 어두운 구름을 뚫는 밝은 별이다. 그들은 남성들의 의지가 시험에 드는 험난한 때에 일어선다. 고통의 순간, 여성들이 그들의 편에 나타날 때 남성들은 아무런 반대의 말도 하지 않는다. 그러나 여성들의 위대한 행동과 끊임없는 희생으로는 남성들의 여성관을 바꿀 수 없다. 오만함으로 말미암아 그들은 여성의 능력을 제대로 보기를 거부한다.

-후다 샤으라위, 1924년

이슬람권에 페미니즘이 확산된 것은 19세기 후반이지만 여성운동이 조직화된 건 우리의 3·1운동 무렵이다. 그당시의 페미니즘 명칭은 '니사이야'였다고 한다. 따지고보면 이때 영국도 여권운동에 나선 여성 지도자들을 투옥하고 고문하고 있었다. 이슬람권의 고민은 비슷하면서도 달랐으리라 여겨진다. 여성 권익을 높이고 차별을 폐

지하자면 서구적 가치관을 받아들여야 하는데, 봉건 사회를 깨뜨려야 하고 쿠란을 남성 지배에 맞게 해석하는 종교 권력도 떨쳐내야 했다. 그래도 꿋꿋하게 버텨낸 여성 전사들은 이슬람 페미니즘의 역사를 써내려 갔다. 우리와 크게 달라지는 건 그 다음부터다. 1970년대 들어 극보수적인 원리주의가 등장해 정치권력까지 장악한 것이다. 이슬람권 페미니스트들은 '서구문화에 오염된 이탈자', '세속적 가치를 무분별하게 쫓는 자', '반이슬람주의자' 등으로 내몰린다. 그 여파로 국가와 사회가 갖는 남성지배적 차별도 해결해야 하고 보수적 이슬람 신앙에 젖어 있는 가정에서의 평등도 찾아야 했으며 특히 종교 권력의 완고한 틀을 깨기 위해 신학적 투쟁이 병행되어야 했다. 차별과 혐오의 근원이 쿠란의 해석에 뿌리를 두고 있기 때문이다. 하나님이 정육점을 운영하는 것도 아닌데 삼겹살 발골하듯 남자 갈비뼈를 뽑아서 여자를 만들었다고 문자 그대로 한 점의 의심 없이 믿는다. 실제 쿠란에서는 여성과 남성이 하나의 영혼에서 나왔다고 가르친다는 게 이슬람 페미니즘의 해석이다. 쿠란이라는 원전을 후대 종교 지도자들이 해석해 2차 텍스트를 만들면서 당시 문화의 여성혐오적 의식과 관점을 이식해 오염시켰다고 본다. 여성이 나라의 지도자가 되면 민족이 멸망한다는 내용 등이 대표적인데 여성의 사회정치 참여를 막는 근거로 악용되어 왔다. 이슬람 페미니즘은 이러한 종교적 권위를 해체하는 엄청나게 힘든 과제를 헤치며 나아가고 있다.

몇 년 전 서울국제사랑영화제 측으로부터 독일 다큐멘터리 영화에 대한 해설을 부탁받은 적이 있다. 〈본 인 에빈Born in Evin〉이란 작품이다. 이 작품의 감독 마리암 자리Maryam Zaree는 출생지가 이란 테헤란의 에빈 교도소다. 1980년대 이란의 원리주의 정교일치 정권이 폭정을 자행할 때 저항하는 시민운동가와 지식인들 수만 명이 체포·투옥되었는데, 마리암 자리의 어머니도 임신 중에 끌려가 그 열악한 감옥에서 출산할 수밖에 없었던 것이다. 이란 당국은 옛날이야기라고 잡아떼지만 2017년 반정부 시위 사망자가 22명, 체포자가 1,000여 명이었고 계속되는 교도소 내 자살 사망에 반기문 유엔 사무총장이 이란의 인권문제와 강제수용소 문제를 거론하기도 했다.

영화 〈본 인 에빈〉이 국내에 소개되기 전에 이란의 인권탄압과 체포된 여성들이 겪는 고통을 전한 건 사하르 들리자니Sahar Delijani의 《자카란다 나무의 아이들Children of the Jacaranda tree》이라는 소설이었다. 사하르 들리자니 역시 에빈 교도소에서 태어났다. 막 출산해 자궁출혈로 울부짖는 산모 죄수에게 치료는 없다. 피를 흘리는 데도 병원에서 단 몇 시간도 치료받지 못하고 간수가 그날 저녁 데이트 약속이 있다는 이유만으로 교도소로 돌아가야 한다. 3년 징역, 5년 징역형을 끈질기게 견디어 형기를 마치면 그다음은 심사다. 석방 심사에서 '뉘우침 없음'으로 판정하면 사형이다. 그렇게 수천 명이 죽어나갔다고 소설은 고발한다. 그리고 아기들은 할머니, 고모, 이모에게 보내져 부모를 기다리며 자란다. 언제 올지 모르는 어쩌면 오지 못할 부모를 기다리며 자란다. 자카란다 나무는 벚꽃 종류는 아니지만 아프리카 벚꽃이라고 부르기도 하는데 보라, 청자, 파랑을 넘나드는 꽃이 주렁주렁 매달린다. 소설의 제목은 혁명과 반혁명의 소용돌이 속에서 태어나고 자라는 아이들이 미래의 희망을 잃지 말기를, 또 미래에 대한 희망이 되어주기를 바라는 소망을 담고 있는 듯하다.

이렇게 페미니즘은 책과 유튜브 속에 담겨 있는 게 아니라 우리 자매들의 역사이고 현실이다. 아직도 우리 사회는 가부장주의가 정상이라 여기고 심지어 신의 뜻이라 여긴다. 개신교의 최대 종파인 장로교 합동에서는 아직도 여성이 목사가 될 수 없다. 개혁적인 장로교와 감리교를 빼면 대부분 종파가 그렇다. 대학 입시를 똑같이 준비해 입학시험을 치르고 같은 등록금 내며 학부와 대학원을 마쳐도, 성적이 훨씬 뛰어나고 리더십과 인격을 갖추어도 목사는 남자의 몫이지 여성과 결코 공유할 수 없다고 주장한다. 설립된 지 120년이 되었는데 학교 이사회에 여성 이사가 존재한 적이 없다. 여성을 학생으로 받지만 여성 지도자를 결코 만들어서는 안 된다는 교육지표가 머리로 이해가 된다니 놀라울 따름이다. 그런데 남성 목사가 성범죄를 저지르면 늘 감싸고돈다. 부조리이며 최악이다. 하나님이 주민등록번호 맨 앞자리를 부여했는데 1번이 우성이고 2번이 열성이라고 믿는 목사와 신학자라니…. 하나님은 천지창조 이후 한 번도 사람 앞에 미스, 미스터를 붙여 부르지 않았다.

갑자생 내 어머니와
1984년생 그대들에게

우리는 흔히 세대론을 꺼내 흔들며 세상을 이야기한다. '세대'라는 말을 처음 접한 건 아마 선배들에게 '전전戰前세대', '4·19세대', '6·3세대'라는 말을 들으며 끄덕이던 때인 듯하다. 한참을 지나 노무현 정부에 들어서며 '386세대'라는 말이 등장했다. 나는 어디에도 속하지 않는 세대다. 50년대에 태어났고 70년대 학번이니 세대를 부르는 이름이 따로 없는 끼인 세대인 셈이다. 그래도 우리 또래를 지칭하는 이름이 있으니 '베이비붐 세대'다.

세대론이 등장하기 전엔 출생년도의 육십간지 이름을 붙여 세대를 이야기하곤 했다. 가장 유명한 것이 '묻지 마라, 갑자생'이다. '갑을병정무기경신임계'의 십간과 '자축

인묘진사오미신유술해'의 십이지를 조합할 때 가장 앞에 등장하는 '갑'과 '자'의 조합이다. 옛말에 이르기를 맨 앞의 둘이 만났으니 60년마다 돌아오는 갑자년엔 뛰어난 인재들이 많이 태어난다고 했다. 그건 모르는 일이다. 지금 이야기하는 갑자생은 1924년생이다. 1924년 갑자생은 1944년 만 스무살이 되던 해 횡액을 당한다. 1944년 일제 강점기 말에 징용과 징병이 실시된 것이다. 선동질과 충동질 그리고 강제에 의해 소집된 이들은 웬만하면 신체검사에서 '무조건 합격' 도장을 받고 끌려갔는데 그래서 '묻지 마라, 갑자생'이다. 그렇게 끌려간 갑자생들은 숱한 희생을 치르고 상당수는 고국 땅을 다시 밟지 못했다. 돌아온 사람들도 이후의 생이 순탄할 리 없었다. 세상은 달라져 영어 잘하면 장땡, 정말 '갑'이 되는데 일제 강점통치에서 한글도 제대로 배우지 못해 서툴렀으니 대다수는 일어설 기회를 잡기 어려웠다. 좌우 이념의 대립은 극렬해 서로 죽고 죽이는 상황에 이르렀고 그러다 6·25전쟁이 터진다. 일본군에 끌려가 동남아 전쟁을 치르고 겨우 살아 돌아오니 이번에는 동포에게 총을 겨누는 한국전쟁에 징집된다. 겨우 살아남은 갑자생들은 폐허가 된 나라를 일구다 부패한 독재정권에 맞서 4·19혁명에 나섰고 그 뒤에 돌아온 건 군인들의 강압통치였다. 그렇게 1924 갑자생은 한국 근대사에서 모진 고생의 대명사가 되었다. 물론 갑자생 뿐만 아니라 1920년대 갑자년 언저리에 태어난 이들 모두에게 해당되는 고난의 운명이다.

잠시 곁길로 빠지자면, 세상을 이해하는 방식에서 중요한 것이 교차성에 대한 궁리이다. 이쯤에서 교차적 인식을 시작해보자. '묻지 마라, 갑자생'을 두고 지금까지 적어온 것은 남성의 문제이지 여성의 문제는 또 다르다. 1924년생 여성에게 닥쳐온 건 근로정신대, 위안부라는 착취였다. 정신대는 전쟁을 지원하는 노동 착취였고 위안부는 강제, 기만 또는 인신매매, 납치에 의해 강요된 일본군 성착취라는 전쟁범죄였다. 남성들을 전쟁 지원 생산 현장으로 몰고 갔으니 산업생산 노동력에 공백이 생겼고 '여자정신근로령'을 내걸고 여성들을 군수공장으로 동원한 것이 흔히 정신대로 부르는 '조선여자근로정신대'다. 조선 노동자들이 차별과 착취에 굴종만 한 건 아니었다. 1920년대에서 1930년대로 이어지며 일본 아지노모도 등 외세와 매판자본에 대항한 전국 냉면노동자 연대파업, 경성방직 파업 공장 점거 투쟁, 정미소 여성 노동자 파업점거 투쟁, 인천 성냥공장 여성 노동자 파업 공장 점거 투쟁… 줄줄이 이어지던 저항은 1930년대 말 일제가 전쟁 준비로 광분하고 전쟁 동원령이 이어지면서 잦아들 수밖에 없었다. 그때는 일본 대기업들이 조선 땅에 대거 진출해 식민지 조선은 농업국가가 아닌 공업국가로의 전환이 시작됐고 갑자생 여성들은 1930년대 말부터 노동현장에 투입돼 일제 말의 암울한 시대를 살아갔다.

어머니는 "나도 갑자생인 거지."라고 늘 말씀하셨다. 돼지띠니까 정확히는 갑자생보다 한 살 빠른 1923년 계해년생이시다. 역사의 격변 속에서 계해생이나 갑자생이나 을축생은 다를 것도 없다. 착취하려는 전쟁광들이 스무살 나이에 맞춰 끌고 가지도 않았다. 어떤 이는 위안부를 피하려 열일곱, 열여덟 살에 시집을 가거나 위장결혼을 했다. 일본군 무기·탄약공장으로 취업하면 위안부 징집을 면한다고 해서 인천육군조병창에 들어간 열다섯 살 소녀도 있다.

어머니는 어찌어찌 보통학교(초등학교)를 마치셨다고 한다. 외할아버지는 광산 노동자로 개발사업으로 강원도를 떠도셨고 외할머니는 일찍 몸져누우신 뒤 세상을 떠나셨으니 어머니가 어린 나이에 소녀가장이 되었다. 여동생이 둘, 남동생은 셋이다. 어머니가 공장 노동자, 시내버스 안내양, 간호조무사로 일하셨던 이야기는 간간이 들었고 나머지는 알지 못한다. 늦기 전에 이모들에게 들어둬야지 하면서도 별로 들은 바가 없다. 그냥 "동생들 먹이랴 어머니 병구완 하느라 고생했지, 독했지." 하시던 걸 들은 게 전부다. 간호조무사 같은 병원 일을 하실 때에는 장질부사(장티푸스) 등 전염병이 돌면 자원해 나서셨다고 했다. 위험수당이 있고 특히 일본인 집에 간병 들어가면 먹을 것 싸가지고 나올 기회도 생겨, 그런 자리면 얼른 챙기셨다고 한다. 이것이 식민지 조선에서의 어머니의 삶이다. 돌아가신 뒤 호적 정리차 원적을 들추었을 때 해방과 전쟁 통에 기록이 망실되어 모두 확인하기는 어려웠지만, 앞뒤 안 맞는 기록이 등장하는 걸 보면 위안부를 피할 심산으로 이리저리 수를 짜내시기도 한 모양이다.

전쟁이 끝나고 전후복구가 시작되자 어머니는 경부선을 타셨다. 미국 구호물자도 부산항으로 들어왔고 이런저런 밀수품도 부산항을 중심으로 풀리면서, 국제시장서 물건을 떼다 내륙 도시에서 팔면 입에 풀칠할 수 있었기 때문이다. 전국의 상인들이 몰리니 주먹패들도 몰렸고 경찰도 많았다 한다. 어머니는 도떼기시장이라고 부르셨다. 일본이 전쟁에서 패하자 일본인들은 서둘러 부산항을 통해 일본으로 빠져나갔는데 귀국선에 오르기 전 짊어지고 있던 가방이나 물건을 모두 챙겨가진 못하고 일부를 압수당했다. 거기에 밀수품 등이 더해져 시장에 물건으로 나왔는데 이 물건들을 경매로 사고팔 때 '잡았다',

'따냈다'라며 사용한 말이 일본어 돗따(取った, totta)라고 한다. 어머니는 그렇게 도떼기시장서 '돗따'를 외치며 물건을 구해, 옷감이면 몸에다 꽁꽁 동여매고 화장품은 몸속 깊숙이 집어넣은 채로 부산진역에서 기차를 탔다. 때로 경찰에 걸릴 만한 물건도 있었고 실제로 걸리기도 했단다. 규모랄 것도 없이 몸에 지닌 게 전부니 울며불며 사정 이야기를 하고 빠져나오곤 하신 모양이다.

결혼 이후에도 어머니는 동생들을 돌보는 걸 내려놓지 못하셨다. 외할아버지, 외삼촌들이 강원도에 자리를 잡고 살았는데 이모, 외삼촌 일부의 학적이 내가 태어난 충북 청주의 학교로 된 걸 보면 전쟁 후 먹을 것조차 없던 시절에 어머니께 잠깐씩 의탁했던 모양이다. 살림살이가 나아진 적도 있었지만 아버지의 병환으로 가세는 다시 기울었고 서울로 진학한 나는 고교를 졸업하고 서울 생활을 시작했다. 과외 아르바이트로 하숙비, 학비를 벌 수 있었지만 어려우셨을 어머니의 고향 살림에 보태진 못했다.

기억 속에서 지울 수 없는 하나는 버섯에 관한 추억이다. 고향에 내려가면 버섯 반찬이 늘 상에 올랐다. 버섯찌개, 버섯무침은 상시 반찬이었다. 어머니가 반찬값을 아끼기 위해 앞산에 늘 오르셨기 때문이다. 버섯 반찬이 반갑지는 않았다. 어머니가 안심하고 채취하는 버섯이 싸

리버섯과 느타리버섯 두 가지뿐이어서 방학 때 고향집에 가 지낼 때면 같은 반찬을 늘 먹어야 했기 때문이다. 버섯이 늘 자랄 리 없다. 여름 가을 걸쳐 한 때니 그때라도 악착같이 산에 올라 버섯을 따셨다. 비 내린 뒤가 좋은 시기지만 산길이 위험할 것인데 어머니는 쉬지 않으셨다. 그래도 아들이 왔다고 한두 가지 반찬을 더 내셨지만 어머니 혼자 계실 때는 버섯 반찬이 전부인 경우가 많았다. 그 이후 어머니와 서울 생활을 할 때 버섯 반찬은 좀처럼 등장하지 않았다. 어머니도 내심 참아내며 드신 모양인데 내색 않으신다고 알아채지 못했으니 아들로서는 역시 못나고 못됐다. 그래서 심순덕 시인의 〈엄마는 그래도 되는 줄 알았습니다〉를 읽으며 무너졌나 보다.

갑자년 언저리에 태어난 누구의 어머니라도 그 삶은 이처럼 신산했다. 아니다. 이 시대의 풍파를 헤쳐온 누구의 삶도 평범하고 예사로운 삶은 없다고 생각한다. 결혼 주례를 맡을 때면 신랑신부에게 당부하는 말이 있다. "누구의 삶도 그저 평범하다 할 수 있는 삶은 없다. 바람의 무게를 버티지 못하고 끊어진 빨랫줄이 있다고 하자. 아마 그 빨랫줄은 버틸 수 있는 데까지 버티다 쓰러진 것일 뿐 쉬이 끊어지고 주저앉지 않았을 것이다. 누구를 대하든 그 사람의 삶의 무게를 그렇게 느끼며 대해야 한다. 기

쁘거나 슬픈 자리에는 꼭 찾아가 인사하고, 누군가 찾아
온다면 따뜻한 밥 지어 대접하도록."

요즘 세대론이 거론되며 어느 세대는 다음 세대에게
너희는 우리의 희생으로 고생없이 편했다 하고, 어느 세
대는 윗세대에게 수고는 짧았는데 누리는 건 길기만 하
다고 탓을 한다 들었다. 세상을 더 나은 곳으로 만들기 위
해서는 이런 식으로도 따지고 궁리해봄직하고 학문적 연
구가 필요하다고 여긴다. 하지만 내 마음은 1924년 갑자
생에게 이만큼 베풀어주신 것이 감사하고, 1984년 갑자
생에게는 이것뿐인 것이 미안할 따름이다.

인류의 역사는

잔인함만으로 이룩된 것이 아니다

드라마 〈허쉬〉에는 "노 게인, 노 페인(No gain, No pain; 아무것도 얻으려고 노력하지 않는다면, 고통도 없을 것이다)."이란 말이 등장해 화제가 됐다. 언론사의 내밀한 이야기와 부끄러운 속살을 드러내 시작부터 끝까지 정주행한 드라마. 신문이 계란판이 되는 장면, 욕망과 비겁함을 원동력으로 해 꾸려지는 언론사 편집국… 부끄러운 이야기들이 많았지만 역시 이 드라마가 던진 화두는 "아무것도 얻으려고 노력하지 않는다면, 고통도 없을 것이다No gain, No pain."이다. 언론사 인턴 사원 수연은 기자가 꿈이었고 언론고시를 치르며 열심히 공부했다. 연체된 학자금 대출을 갚아야 하니 물류센터에서 등짐을 졌고, 여러 언론사

인턴을 전전하며 정규직 기자로 자리를 잡고자 했으나, 현실은 취준생 인턴 이외의 다른 길을 내어놓지 않는다. 인턴에서 인턴으로만 이어지는 청춘, 수연의 유서는 이렇다.

'노 페인, 노 게인'이라는 말은 이 땅에서 희망 고문이자 환상이다. 실패에 대한 보험도 없이 꿈을 미끼로 유혹하는 세상. 그런 세상에서 나는 먹잇감에 불과했다… 세상이 정해놓은 성공의 기준에 억지로 자신을 끼워 맞추려 할수록 세상의 틀은 더욱 공고해지고, 나 혼자만 고통스러워질 뿐이다. 아무것도 얻으려고 노력하지 않는다면, 고통도 없을 것이다.

'노 게인, 노 페인'은 우리가 잘 아는 '노 페인, 노 게인(고생 끝에 낙이 온다)'을 뒤집은 표현이다. '대가 없인 얻을 수 없다'라는 격언의 시작은 '노 페니, 노 파든No penny, No pardon'이라 전해진다. 로마 교황청이 면죄부를 강매하는 추태를 비꼰 말이었다. "돈 없으면 용서도 없다고?" 이말을 교황청을 향해 화살처럼 날린 사람은 16세기 런던 왕립연구소 자연철학 교수 존 틴들John Tyndall이다. 간단히 소개하자면 큰 분자와 먼지에 의해 빛이 확산하는 현상을 연구해 하늘이 왜 파랗게 보이는지를 설명한 사람이다. 공기 중에 균이 없다면 음식이 상하지 않는다고 증명한 사람이기도 하다. 부패의 자연발생설을 확실하게 묻어버린 존 틴들에게 돈을 내면 부패한 인생이 정화되고 못 내면 인생이 썩어버린다는 교황청 논리는 웃기지도 않았을 것이다. 기자가 없던 시절엔 이렇게 과학자들이 자기 목숨과 미래를 걸고 정론직필에 나섰다. 오늘날 광통신 분야의 탁월한 연구자에게 주는 세계 최고의 상 이름이 '존 틴들 상'이다. 다시 우리의 문제로 돌아와 보자.

"No gain, No pain."

"No pain, No gain."

두 개의 서로 다른 격언이 있다. 어느 것이 옳을까? 혹은 맞을까? 내게 답을 내놓으라 한다면 내 답은 "둘 모두 맞고 둘 모두 틀리다."이다. '아프니까 청춘이다'라는 메시지에 모두 열광하고 책을 사서 읽었다. 하지만 "아프면 환자일 뿐이다.", "죽도록 아픈 그 다음은 뭔데?"라는 반박들이 공감을 불러일으키기도 한다. 그래도 그 말에 큰 위로와 격려를 얻은 사람이 있음은 분명해 보인다. "힘이 없는데 어떻게 힘을 내라는 거예요?"라는 문제제기도 사이다 발언이지만 분명 힘은 내야 한다. 〈허쉬〉의 "No Gain, No Pain."이 등장하는 유서는 뒤틀린 현실에 대한 고발이지 글자 그대로가 '해답'은 아니다. 공감하되 성찰해야 하

고 분노하며 고발하되 해답은 합리적이고 현실적이어야
한다. 그리고 조심스럽게 이야기할 건 인생은 때로 합리
성과 상식을 뛰어넘기도 한다는 것이다. 다이어트로 체중
을 10kg 감량도 하지만 50kg 감량하는 이도 있다. 그리고
고통이 이 변화를 가능케 한다.

　나는 저널리스트이자 이야기꾼으로서의 행로를 걸어
왔다. 그래서 수려한 글 솜씨로 써내려간 에세이나 성공
신화를 흩뿌리는 자기계발서, 톡 쏘는 사이다 발언에 주
목하기보다는 삶을 살아낸 실존인물들의 실제 스토리에
더 주목한다. 예를 들어 내가 품고 있는 사이다 발언 중
하나는 "내겐 절망할 권리가 없다. 나는 희망을 고집한
다."이다. 멋진 말이고 훌륭한 태도라고 생각한다. 그래서
누가 어떤 태도로 살며 이 말을 했는지를 살핀다. 이 말은
《미국 민중사 A People's History of the United States》, 《전쟁에 반
대한다 On War》의 저자인 하워드 진 Howard Zinn의 역사 에
세이 《달리는 기차 위에 중립은 없다 You can't be neutral on a
moving train》에 나오는 구절이다. 하워드 진은 경제대공황
으로 모두가 허덕이던 1922년 뉴욕의 평범한 노동자 집
안에서 태어나 조선소 노동자로 일했다. 제2차 세계대전
에 참전해 전쟁의 참상을 목격했고 이후 반전운동을 펼
쳤다. 버스와 식당에서 피부색을 이유로 쫓겨나는 흑인들

을 대변했고 흑인 여성대학에서 가르치면서 자유와 평등을 주창한 공민권 운동에 참여했다 밉보여 대학 교수직을 잃었다. 그 대신 지구촌의 자유인들을 지지자로 얻어 베트남전 반대, 이라크침공 반대에 나섰다. 그를 알고 나면 "희망을 고집한다."는 격언집의 수많은 구절 중 하나로 끝나지 않는다. 글을 읽은 데서 멈추지 않고 글을 쓴 그를 읽는 것까지 한 발 더 들어가 보는 것, 그것이 내 철학하는 방식이다.

암울한 시대에 희망을 품는 것은, 결코 우둔한 낭만에 불과한 것이 아니다. 인류의 역사는 단지 잔인함만으로 이루어진 것이 아니라, 자애, 희생, 용기, 친절로도 이루어져 있다. 우리가 복잡한 역사 속에서 강조해두고자 선택하는 것들은 우리의 삶을 결정한다. 최악의 경우만을 바라본다면, 무언가를 해낼 수 있는 우리 자신의 능력을 파괴한다. 만약 사람들이 탁월한 행동을 한 시대와 장소들을 기억한다면(그런 경우는 너무도 많다), 그 기억은 실천을 할 힘을 준다."[1]

L 〈더 네이션(The nation)〉에 실린 2004년 9월 기고 '불확실성의 낙관(The Optimism of uncertainty)' 중에서(Copyleft 2010 by capcold)

하워드 진의 충고대로 자신의 신념과 꿈을 지키고 밀고 나아간 사람들이 있다. 그리고 그런 사람들을 좇아 함께한 사람들이 있어 세상은 이렇게라도 바뀌었다. 그런 스토리는 격동과 혁명 속에서나 등장한다고 말하지 말자. 하워드 진의 이야기대로 "그런 사람들, 그런 경우는 너무도 많다." 오늘도 자신을 일으켜 세우고 힘껏 밀고 가는 탁월한 이들이 세상에 가득하다. 우리의 부모였고 지금까지의 우리였다. 코로나19의 위기 속에서 하루하루를 견디었고 진료실을 지켰고 배달 음식을 날랐고 버스를 운행했고 농사를 지었다. 우리의 이웃이고 우리 자신이다. 그래서 나는 오늘도 눈을 떠 아침을 맞으며 세상을 긍정한다. 내 주변에 존재하는 이 탁월한 이들에 감사한다. 아침마다 거미가 줄을 치듯 희망과 긍정으로 해어진 삶을 기운다.

우분투, 누군가의 목마름은
우리 모두의 목마름 _____

〈우분투Ubuntu〉는 백과사전에 이렇게 정의되어 있다.

'리눅스를 기반으로 하는 운영체계OS'다. 웹 브라우저, 워드프로세서, 엑셀, 그래픽 프로그램 등 기본적인 응용 프로그램을 포함하며, 개방 프로그램으로서 자유롭게 사용할 수 있다.

여기서 핵심 키워드는 '개방'이다. 리눅스의 특징을 그대로 물려받으면서 자유 소프트웨어에 기반하므로 누구나 무료로 다운로드해 사용할 수 있다. 연구개발은 곧 저작권으로 이어져야 하는 시대에 무료 다운로드가 가능하고 모든 사람들이 모국어로 사용할 수 있고, 어떤 장애를 가진 사람도 이용할 수 있도록 한 우분투의 개발 원칙은 뜬금없어 보인다. 그러나 왜 이름이 '우분투'인지, 그 어원을 살피면 개발자의 의도에 다가갈 수 있다.

'우분투'는 아프리카 남부 지역에서 사용되는 반투어 Bantu language에서 나온 단어다. 이 말은 줄루족과 코사족, 응구니족 등 아프리카 수백 개의 부족들이 사용해 온 대단히 심오하고 매력적인 인사말이자 철학 개념이다. 추상명사를 만드는 접두어인 'ubu'와 사람을 의미하는 'ntu'가 결합된 말로 한마디로 정의하자면 '인간성' 혹은 '인간다움'이라는 의미로 읽힌다. 그러나 "인간적이야."라고 한들 하나의 뜻이 아니듯 우분투 역시 사람과 사람의 관계, 관계를 쌓고 이어가는 나눔과 연대의 공동체 정신을 표현하는 윤리 철학적인 개념이다.

우분투에는 'for you'의 뜻도 담겨 있다. 남아프리카공화국 케이프타운 시청의 표어가 "우리는 여러분을 위해 일합니다(This city works for you)."이다. 또 공감sympathy을 의미하기도 하고 '함께 고통을 겪다', '고통 가운데서도 인간의 유대감을 나눈다'는 뜻도 있다. 남아프리카공화국의 흑역사인 백인 정부의 아파르트헤이트(흑백 분리 인종 차별 정책)에 맞서 꿋꿋하게 남아공 흑인들의 정신적 지주가 됐던 남아공 성공회 데스몬드 투투Desmond Mpilo Tutu 주교는 우분투의 뜻을 이렇게 풀어준다.

"우분투 정신을 갖춘 사람은 마음이 열려 있고, 다른 사람을 기꺼이 도우며, 다른 사람의 생각을 인정할 줄 압니다. 그리고 다른 사람이 뛰어나고 유능하다고 해서 위기의식을 느끼지도 않습니다. 그것은 자신이 더 큰 '우리'에 속한 한 사람일 뿐이며 다른 사람이 굴욕을 당하거나 홀대를 받을 때 자기도 마찬가지로 그런 일을 당하는 것과 같다는 걸 잘 알고 있기 때문입니다. 그걸 깨닫고 있기에 우분투 정신을 갖춘 사람은 굳건한 자기 확신을 가질 수가 있는 것입니다."[1]

투투 주교는 우분투의 핵심을 "인간은 혼자서는 살아갈 수 없는 존재"라고 정의하면서 우리가 서로 얽혀 있는 존재임을 강조한다. "한 사람은 다른 사람을 통해서 비로소 한 사람이다(A person is a person through other persons)."라는 그의 문장이 보여주듯, "홀로 떨어져 있다면 진정한 의미

▌《용서 없이 미래 없다(No Future Without Forgiveness)》, 데스몬드 투투 지음, 홍종락 옮김, 홍성사

에서 인간이라고 할 수 없"으며, "우리가 하는 일 하나하나가 세상 전체에 영향"을 미친다는 것이다.

이를 철학적으로 존재성, 타자성 등등 복잡한 개념어들로 설명하기도 하나 능력이 미치지 못하니 생략해야겠다. 대신 우분투를 설명하는 다양한 정의나 경구들을 나열해 본다. 어쩌면 이 설명들이 되려 우분투의 깊은 의미와 실천에 도달하는 걸 도와줄 듯도 하다.

"내가 나일 때, 나는 너이다."

"당신이 있으니 제가 있습니다."

"사람이 사람인 것은 사람을 통해서다."

우분투의 실천적 의미는 예화로 설명하면 더 뚜렷해진다. 가장 널리 알려진 이야기는 아프리카 아이들의 게임 이야기다. 어느 인류학자가 아프리카 부족의 삶에 대해 연구를 하던 중 아이들을 모아놓고 게임 하나를 제안한다. 멀찌감치 과일 바구니를 매달아 놓고 아이들에게 경주를 요청한 것이다. 이 이야기에는 여러 버전이 있는데 내가 인용하는 바구니에는 아프리카에선 꽤나 귀한 과일로 치는 딸기가 가득 담겨 있었다고 한다. 어쨌든 바구니가 있는 곳에 가장 먼저 도착한 아이에게는 과일을 모두 주겠다고 약속했다. 죽어라 달릴 거라는 학자의 예상과 달리 아이들은 손을 잡고 함께 달리거나 달리다가 친구를 기다렸다. 그리고 나란히 도착해 과일바구니를 가운데 놓고 둘러앉아 맛나게 나눠 먹었다. "왜 손을 잡고 달리느냐?"고 묻자 아이들은 당연하다는 듯 한 목소리로 대답했는데 그것이 "우분투ubuntu!"였다. 그러고는 되물었다.

"나머지 아이들이 슬픈데 어떻게 나만 기분이 좋을 수가 있는 거죠?"

이런 예화로도 설명할 수 있다. 우분투 정신으로 삶을 꾸려가는 아프리카 원주민 마을에선 낯선 나그네가 마을에 들어서면 마실 물과 음식부터 내온다. 아무것도 묻지 않고 나그네의 결핍 먼저 해결하는 것이다. 이유는 '누군가의 목마름은 우리 모두의 목마름'이기 때문이다. 폭압적인 흑백 차별 아파르트헤이트에 맞서 28년간 감옥에서 투쟁하고 훗날 대통령으로 선출된 흑인 지도자 넬슨 만델라Nelson Mandela도 우분투를 어린 시절의 당연한 가르침을 통해 설명한다.

"우리가 어릴 적에, 우리 마을을 지나는 여행자는 굳이 음식

이나 물을 달라고 부탁할 필요가 없었습니다. 그가 마을에 도착하는 순간, 마을 사람들이 그에게 먹을 것을 주며 환대하기 때문입니다. 이것이 우분투가 가진 여러 다양성 중 한 측면입니다. 우분투는 자신을 챙기지 말라는 의미가 아닙니다. 중요한 것은 내가 주변 공동체를 위해 일하며 공동체를 더 발전시키느냐입니다. 만일 그럴 수만 있다면, 이미 매우 중요한 일을 한 것이지요."[1]

우리나라의 전래우화 '토끼와 거북이'를 우분투 정신으로 뒤집어 읽은 신영복 선생이 떠오른다. 선생께서 몸담으셨던 성공회대학교는 대입전형 안내 표지판에 선생의 글을 내걸기도 했다.

"잠자는 토끼도 잘못이지만 발소리 죽이고 몰래 지나가는 거북이도 떳떳하지 못합니다. 토끼를 깨워 함께 가야 합니다."

우분투는 아무도 뒤처져 낙오하지 않고, 누구도 패배자로 남지 않고, 어느 한 사람 목마르고 굶주린 채 버려지지 않는 사회를 지향한다. 이 글은 이렇게 여기서 마침표

∟ 2006년 남아프리카공화국의 저널리스트 팀 모디스Tim Modise가 진행한 넬슨 만델라의 인터뷰 중에서.

를 찍으면 된다. 그러나 따질 게 있다. 그래서 아프리카는 아니 적어도 줄루족, 응구니족은 더디어도 함께 가는 인간애 가득한 공동체로 살아가고 있는가? 그곳에는 자본주의, 신자유주의의 범람하는 흙탕물 없이 담담히 살아가는 마을들이 곳곳에서 쉽게 눈에 띄는가?

아닐 것이다. 좁은 시야와 얄팍한 상식으로 판단하는 것이 무례한 일이지만 아닐 것이다. 그렇게 따지면 백의민족에 동방예의지국이고 두레와 품앗이라는 공동체 정신이 전해지는 우리 겨레 역시 우분투에 이미 충만해 있어야 한다. 서구의 탐욕스런 접근과 폭력적인 주입식 문명화는 아시아와 아프리카의 공동체를 무너뜨렸고 오랜 공동체 철학을 단절시켰다. 그것이 서구의 폭력에 의해서만 진행된 것일까? 그것도 아니다. 그 안의 사람들의 욕망이 호응하고 폭발했기 때문이기도 하다. 우분투의 내면화와 실천은 그냥 전해 내려오니 이뤄지는 게 아닌 것이다. 먼저 헝클어진 현실을 성찰해야 하고 돈과 욕망을 민주적으로 통제하는 장치를 제대로 작동시켜야 한다. 그리고 그 음습한 욕망과 경쟁의 흐름에서 함께 조금씩 벗어나자는 결의와 동조가 필요하다. 물론 어렵다. 하지만 어렵다고 포기한다면 우리는 늘 목마르고 늘 위태로우며 늘 혼자 아닌 혼자일 것이다. 지구촌은 그렇게 공멸의 길을 걸어 끝에 이를 것이다.

　'세상 누군가의 목마름은 우리 모두의 목마름이다.'

서로의 이름을
부르는 일

'겐샤이(जेनशाई, Genshai)'는 고대 힌디어다. '누군가를 대하는 나의 태도와 방식이 그가 스스로를 작고 하찮은 존재로 느끼도록 대해서는 안 된다'는 뜻이다.

이 고대 힌디어를 소개한 사람은 케빈 홀Kevin Hall이라는 작가이다. 오스트리아 여행 중 만난 누군가에게서 우연히 '겐샤이'라는 단어의 의미를 접한 후, 자신의 멘토인 은퇴한 언어학자 아서 왓킨스와 함께 세상 도처의 소중한 단어들을 찾아 공부하기 시작했다. 그 수업의 결과물을 작은 책으로 엮었고 국내 출간물의 제목이 《겐샤이》다. 《겐샤이》에 대해선 그 책에 나오는 짤막한 내용이 우리에게 알려진 전부다. 그나마 영어로 'Genshai'라고만

적어 놓아 힌디어를 찾느라 잠시 수고를 해야 했다. 책의
한 부분을 간단히 읽어보자.

**거리를 걸어가다가 걸인을 보고서 무심코 동전을 던져 주었다
면, 나는 겐샤이를 실천한 것이 아닙니다. 하지만 내가 만일
무릎을 꿇고 그의 눈을 바라보면서 그의 손에 동전을 올려놓
는다면 그 동전은 사랑입니다. 오직 그때, 순수하고 무조건적
인 형제애를 보여 주었을 때, 진정한 겐샤이를 실천한 것입니
다. …겐샤이의 의미는, 당신은 어느 누구도 작고 하찮은 존재
로 여겨선 안 된다는 것입니다. 당신 자신까지 포함해서!**[1]

무슨 설명이 더 필요하겠는가. 자기 자신을 포함해 어
느 누구도 작은 존재로 대해선 안 된다. 왜냐하면, 나 자
신을 대하는 방식은 곧 내가 세상을 바라보고 대응하는
방식에 그대로 적용되고 세상을 대하는 방식은 곧 나를
형성하기 때문이다.

지난 저서 《우리 이렇게 살자》에서 친절에 관해 적었
던 구절이 떠오른다.

▎《겐샤이》(케빈 홀 지음, 민주하 옮김, 연금술사) 중에서

사랑도 착한 일이고 친절을 가능케 하지만, 사랑과 친절은 엄연히 다릅니다. 친절은 노크한 뒤 허락을 구해야 하고, 사랑은 그럴 필요가 없습니다.

겐샤이는 노크를 하고 허락을 구하되 진정을 담아 정중히 상대를 존중하며 다가서라는 뜻이다. 물론 자신에게도 해당되는 지침이다. 석가세존도 열반 게송에서 "자등명 자귀의(自燈明 自歸依; 자기 자신을 등불 삼아 길을 찾고, 자신을 의지하라)"하라고 당부하셨다. 자신에 대한 존중 없이는 자신에게 등불이 될 수도, 의지처가 될 수도 없음이다. 마찬가지로 존경은 자신의 선택이다. 하지만 존중은 선택이 아니다. 상대에 대한 예의이고 자신이 해야 할 의무이다. 그것이 세상을 기품 있게 사는 자존감 높은 이의 행동 양식일 것이다.

아프리카 앙골라에는 이런 설화가 전해진다. 아프리카 앙골라 청년이 나이 어린 신부를 맞았다. 청년에게는 남동생이 네 명이니 신부는 시동생 네 명까지 거두어 먹여야 했다. 아침 일찍 불을 지피고 카사바 뿌리를 빻아 죽을 끓였다. 먹기 좋도록 식힌 뒤 시동생들에게 가져갔다. 아무도 먹지 않는다. 다음 날도 같았다. 그다음 날도 변한 건 없었다. 절망한 그녀는 울며 카사바 뿌리를 절구에 넣고 빻는다. 변함없이 똑같은 건 새 한 마리가 늘 절구 주변을 날며 시끄럽게 울어대는 거다. 손을 저어 쫓고 돌을 던져 쫓아도 근처를 배회하며 시끄러이 운다. 그러다 보니 시끄럽다고만 여겼지 신부는 새가 어떤 소리로 우는지 자신이 전혀 모른다는 걸 알아차렸다. 그래, 들어나 보자.

툼바 툼바 툼바 툼바.

툼바 시쿤두,

툼바 시쿤두 무나,

툼바 카울루,

툼바 카울루 무나.

시동생들의 이름이었다. 신부는 한 사람 한 사람씩 이름을 부르며 죽을 건넸고 시동생들은 활짝 웃으며 죽 그릇을 받았다. 이름이 불리지 않으면 시동생들은 죽 그릇을 받아들지 못하지만 이름을 부르지 못하면 신부 역시 가족 안으로 들어가지 못한다.

먼 나라의 설화로만 알았는데 아니었다. CBS 부산 지사장으로 근무할 때 일이다. 비서가 쭈뼛쭈뼛 내 눈치를 살피는 듯해 말을 시켰더니 한 기관 대표의 비서 아무개의 이름을 꺼낸다. 알고 있는 이름이다. 아무개가 우리 사무실에 와 하루만 비서 업무를 보고 싶어 한다는 이야기였다. 이유는? 어쩌다 호칭 이야기가 나왔는데 내가 언제나 자기를 "진화 씨!"라고 부른다 했더니 자기 이름은 한 번도 불린 적이 없다며 하루만 바꿔 일하자 청하더란다. "거 있나?", "아그야", "어이 봐라!" 심지어는 '딩동'이 이름을 대신한다. 여러 가지로 불리지만 자기의 이름은 없다. 이름을 지어주고 인정해주고 공유하며 불러주는 것은 인간성의 상징이자 인간 고유의 특질이다.

또 하나 앞의 설화에서 주목할 점은 불릴 이름이 없는 새의 지저귐에 귀를 기울였다는 것이다. 우리 주변에는 사람이지만 새처럼 취급받는 이들이 얼마나 많은가? 모두 이름을 갖고야 있지만 나와 관련 없는 이름이기에 내쳐버린 이름들이 얼마나 많은가. 미국의 어느 의과대학에서 졸업을 앞두고 기말시험을 치르게 됐다. 의사의 자격을 가름하는 어려운 문제가 출제될 거라는 소문에 다들 긴장하고 시험 날 아침 칠판에 적힌 문제를 주목했다.

"우리 의국醫局과 휴게실, 간이침실을 청소해주시는 분들의 이름을 적으시오."

누군가 우리를

대신 사랑해 준 사람들 _____

지난 설 연휴의 마지막은 화장실 청소로 끝났다. 화장실
청소에는 아들 몫이 있다. 가끔은 설거지를 함께하거나
'이번 설거지는 네 몫'이라고 미리 못을 박는다. 화장실 청
소나 설거지 때 별 이야기는 없다. 잔소리로 들릴 것이어
서 입을 다물고 업무 분담만 정하면 그걸로 끝이다. 아들
의 대학 시절이었을 것으로 기억한다. 함께 설거지를 하며
운을 뗀 적이 있다.

"마지막 설거지가 언제였지?"

-꽤 오랜만인데요.

"사실 설거지 귀찮고 싫다. 너도 그럴 거 아니냐?"

-네, 그렇죠.

"도대체 우리 몫의 설거지를 그동안 누가 한 걸까?"

-누군가가 했죠.

"그래, 누군가 고맙게도 했지. 하고 있고, 할 거고. 잊지 말고 살자."

-네.

그날 이후로 같은 이야기를 반복하지 않았는데 설거지나 화장실 청소를 시키면 뚱한 표정으로라도 나서니 나름 수긍하고 새겨둔 모양이다. 설거지는 설거지로 끝이 아니다. 적당한 때 싱크대 개수구도 청소해야 하고 거름망도 닦아야 한다. 오래된 아파트에 살 때는 개수구 밑에 작은 정화조 같은 통이 있었다. 개수구 거름망을 빠져나간 음식 찌꺼기가 그곳에 들어차면 물이 싱크대로 역류하니 물빠짐이 이상하다 싶으면 점검도 해야 했다. 그렇게 설거지와 욕실 청소와 이불 빨래를 해준 누군가…. 저마다 떠오르는 얼굴들이 있을 거라고 생각한다. 손톱을 깎거나 면도하는 일도 설거지처럼 때가 되면 하지 않을 수 없는 일이다. 그러나 누가 시키지 않아도 알아서 한다. 이유는 내가 불편하고 남에게 시킬 일이 아니니까. 그런데 설거지는 타인에게 미루었으니 더군다나 미안하고, 감사하다는 말도 아끼며(?) 살았으니 죄스러운 일이다. 평생을 신세 지고 살았으면서 그 고마움을 알아차리지 못하다 간혹 알아차리며 부끄러워한다. 이만큼이 지금껏 세상 살며 배우고 익혀 겨우 도달한 수준이니 딱하다면 딱한 노릇이다. 세상에 대한 깨달음이든 인격이든 무어라 부르든, 그건 비범한 의식의 수준이 아니다. 거창한 종교와 철학에 담긴 것도 아니다. 살면서 눈을 뜨고 바로 보는 것이다. 평생 도와주고 보살핀 이들도 제대로 알아차리지 못하고 있지 않은가 말이다. 어질고 인자함이란 바로 보지 못하고 고마워하지 않음에도 이들을 보살피는 너그러움과 인내심에 주어지는 찬사일 것이다.

큰 깨달음을 얻은 훌륭한 스승들의 소문을 듣고 길을 떠난 두 수도승이 있었다. 그러나 소문은 과장이었고 실망만 계속되었다. '되돌아갈까 보다' 고민이 이어지던 여름날, 어느 수도원 계곡을 오르는데 허름한 장포를 입은 노승이 자빠지고 엎어지면서 허겁지겁 산을 내려오고 있었다. '이곳도 허탕이구나, 쯧. 채신머리 하고는….' 실망해 혀를 차며 뒤로 돌아서는 순간 노승이 외쳤다.

"여보시오, 거기 떠내려가는 배춧잎 좀 잡아주시오."

누가 먼저랄 것도 없이 서로의 손을 꼭 잡은 두 사람의 눈에 눈물이 그렁그렁했다.

배춧잎 하나라도 소홀히 생각하지 않고 아끼는 마음이면 그것 역시 종교적 영성으로 들어서는 통로라 생각한다. 야무지게 똑똑한 나는 배춧잎을 따라 뛰어갈 리 없다. 영원히 그럴 일은 없을 것이다. 배춧잎을 따라 뛰려면 그늘 한 점 없이 환하고 구름 한 점 없이 맑은 커다란 자유의 경지에 이르러야 한다. 선禪에서 이르는 '그대는 정녕 큰 지혜로움에 이를 수 있을지 모르겠으나 큰 어리석음에 이르지는 못할 것이다'라는 가르침도 배춧잎을 따라 뛰어감을 가리킨다. 이르지 못할 것이지만 그 가르침을 한 걸음 더 들어가 살펴보자.

종교적 영성은 인정하고 환대하는 마음을 필요로 한다. 배춧잎은 내가 마련한 저녁 반찬거리가 아니라 내게로 온 소중한 하나의 존재이다. 나의 필요에 의해 따지고 결정되는 것이 아니라, 그 자체로 인정받아야 하는 그런 존재로 노승은 받아들이고 있는 것이다. 불교적 접근이 낯선 분이라면 가톨릭의 프란치스코Francesco d'Assisi 성인이 땅 위에 엎지른 물을 밟지 않도록 피해 돌아갔다는 이야기로 대신하실 수 있다. 물과 배추는 너무도 큰 경지이니 접어두자. 어쩌면 우리에게는 더 시급한 과제가 있다. 배춧잎이 아니라 내 인생에 들이닥친 고통이나 혼란, 내게 가해지는 불의함과 무례함 앞에서 '침착함과 공손함을 유지할 수 있을까'이다. 함부로 떨쳐내는 것이 아니라 그것의 존재를 인정하고 받아들이는 것이 가능할까? 무거운 슬픔과 날카로운 배신을, 배춧잎을 개울에서 건지듯 거두어 마음 한구석에 담아두고 천천히 녹여낼 수 있을까? 남에게서 오는 건 놔두고라도 상처투성이에 배배 꼬인 나를 나로 인정하는 건 할 수 있을까? 나에게 상처 입히기 일쑤인 나라는 존재를 환대하고 참아주며 함께 살아갈 수 있을까?

손님이 오면 사람들은 인사人事를 나눈다. 종교적 영성에서 인사는 명함 건네주고 건네받듯 서로 안부를 묻는 것이 아니다. 불교에서 비롯된 이 '인사'라는 말은 생명과 생명이 접촉하여 생겨나는 반짝임이다. 밝히는 빛이며 덥히는 불이다. 상대방의 참됨에 고개 숙이고 나의 참됨을 간절히 바라는 것이 우리가 수없이 건네는 인사의 본래의 의미이다. 그렇게 엄청난 인사는 큰 깨우침을 얻은 이들에게 미뤄둘 수도 있겠다. 그러나 이것 하나는 기억했으면 한다. 영성도 깨달음도 혼자서 이루는 게 아니고 자신의 힘으로 이루는 게 아니다. 아무리 큰 깨우침도 먹어야 유지되고, 배설해야 다시 먹을 수 있다. 그런데 누가 먹이며 누가 치우는가? 늘 먹여주고 치워주는 이가 깨우침에 가까울까, 아니면 얻어먹고 보살핌을 얻는 이가 가까울까? 무엇이든 위대한 것은 나와 너만이 아닌 공동체의 헌신과 지혜와 상호의존 속에서 존재한다. 가장 위대한 건 심어서 자라는 것이다. 그걸로 남을 살리는 일이다. 그 의미를 몸에 새겼기에 배춧잎을 다시 모시기 위해 쫓아가는 것이다. 주위를 둘러보자. 나와 함께 뛰는 이들에게 '인사'할 수 있기를. 그들은 모두 가슴 벅찬 존재들이다. 때론 넘어지고 구르고 비틀거리지만 난들 거기서 다를 게 없지 않은가. 그리고 어찌 사랑하지 않을 수 있단 말인가.

그대 다시는

고향에 가지 못하리

명절임에도 자제하고 조용히 지내라는 코로나19 덕분에 고향을 생각했다. 내 고향은 청주淸州, 맑은 고을이란 이름의 도시다. 충청북도의 도청소재지이기도 하다. 어린 시절엔 청주시를 둘러싸고 청원군이 있었으나 청주시와 청원군이 통합돼 이제는 꽤나 커다란 통합청주시가 됐다. 삼한시대로는 마한의 땅이고 백제에 이르러 상당현이라 불렸다가 통일신라 때는 서원경이 된다. 고려 들어와 청주가 됐고 주성이란 별칭도 있다. 청주를 아는 사람은 두 가지를 떠올린다. 하나는 무심천이란 도시를 관통하는 작은 강이고, 둘째는 진산(도읍이나 성의 뒤쪽에 있는 큰 산)인 우암산이다. 나는 무심천 변에 살다 우암산 기슭으로 옮겨 살았다. 성향 탓인지 고향을 떠올릴 때면 시내보다 산을 떠올린다.

　요즘은 고향이나 지명이 등장하면 고유의 향토음식이 뭐냐고 묻는데 생각나는 건 버섯찌개, 올갱이 국밥, 짜글이 정도다. 함께해 온 세월이 40년인 아내도 이번 명절에 내게서 짜글이를 처음 들었다 한다. 돼지고기와 김치, 감자를 넣고 찌개와 볶음의 중간쯤 자작하게 끓여내는 음식이다. 국은 펄펄 끓고 찌개는 보글보글 끓는데 짜글이는 자글자글 끓는다. 그 시절에도 짜글이집은 많지 않았다. 최근 들어 이름이 널리 퍼지는 건 백종원 씨의 방송 때문이라고 한다. 독특한 청주 음식을 굳이 꼽자면 나는 '시오야끼'를 선택할 듯. 시오야끼는 우리말로 번역하면 '소금구이'가 맞다. 어린 시절 어른들이 굵은 소금 뿌려가며 불판에 돼지고기를 굽던 모습이 기억난다. 지금은 간장소스에 얇게 저민 냉동삼겹살에 파절이를 함께 굽는 방식이다. 다들 쿠킹호일에 담아 굽는 방식을 이야기하는데 원형은 아닐 게다. 식당이나 조리에서 쿠킹호일이 사용된 건 나중의 일이니까. '시오야끼'는 강원도 강릉이나 동해에도 꽤 있다. 원조가 어디냐 따져봐야 삼겹살이 거기서 거기일 테니 부질없지만 옛날 왕실 진상품목 중에 청주는 돼지고기가 있었다 하니 청주에 삼겹살 거리를 꾸민 걸 뜬금없다 탓할 건 아니다.

고향 이야기에는 당연히 어머니가 들어가고, 어린 시절의 동무들 이야기도 들어가고, 진달래꽃과 살구꽃이 들어가야 맞겠으나 내놓을 만한 이야기가 없다. 그럴 만한 감성이 부족한 탓이겠다. 청주라는 도시는 맑은 기운 가득하고 순박한 사람들이 사는 평온한 곳이었지만 나에게 고향은 가난했고 불안했고 답답했다. 떠나야 할 곳이었고 떠나면 다시 돌아올 기약이 없는 곳이었다. 고향이란 시골을 의미하고 도시는 떠나와 사는 곳이라는 관념은 이젠 맞지 않는다. 대도시가 고향인데 지역 소도시로 떠난 사람도 많다. 한 세대가 지나면 도시 아닌 시골이 고향인 사람은 찾기 쉽지 않을 것이다. 아버지의 일을 따라 여기저기 이사 다니고 전학 다닌 사람에게 고향은 초중고 시절의 어느 곳을 의미할지 모르는 일이다. 그런 점에서 고향이란 나서 자란 곳, 추억 가득한 어떤 장소가 아니다. 그건 사전적 정의일 뿐 고향은 나의 취향과 바람, 주변과 관계를 맺어가는 방식과 관련된 어떤 곳이다. 공간, 시간, 기억이 나의 호불호, 해석, 결의와 묶인 복합적인 서사이다. 고향은 대대로 살아온 곳도 아니다. 청주의 여러 선배들은 북에서 피난 내려오다 자리 잡았거나 그들의 후예이기도 했다. 고향은 역사와 시대가 인간의 생존과 얽히며 결정되는 곳이다. 미국의 작가 애니 딜라드Annie Dillard가 '고향은 실존의 미스터리가 처음 시작되는 곳'이라고 쓴 것도 그런 맥락인 듯하다. 미국 피츠버그가 고향인 딜라드는 《팅커 계곡의 순례자Pilgrim at Tinker Creek》라는 글에서 고향의 산과 시냇물이 자신과 무관한 존재가 아님을 기술한다. 그는 냇물이 창조의 신비이자 신의 섭리와도 같은 성질을 지녔다고 말한다. 다시 말해 꾸준히 이어지는 속성을 지니면서도 우리 비전이 언제 이루어질지 예측할 수 없으며, 아름다움과 자유가 지닌 복잡 미묘하고 그 실체를 알기 힘든 속성을 지니고 있다는 것이다. 냇물이 이처럼 끊임없이 움직이고 이어지는 무엇이라면, 산은 움직임이 없는 채로 오랜 기간을 버텨낸 신비다. 아무것도 없던 것으로부터 창조된 간결한 신비이며 모든 것인 동시에 거저 주어진 것이라고 말한다. 산은 거대한 쉴 곳으로, 마치 우리 영혼을 흡수하는 것처럼 포용하는 존재다. 냇물은 온갖 자극이 살아 숨 쉬는 곳으로, 자신은 냇물에 살고 있으나, 고향은 산이라고 말한다.

고향은 그런 곳이다. 왜 거기서 태어나 무슨 이유에서 살고 있는지 따져 묻고 싶었지만 그러지 못했고, 속절없이 끌리지만 '그러면 돌아갈까'라는 생각엔 고개를 젓는 곳이다. 고향은 나를 반기고 품는 곳이 아닐 수도 있다. 사람들을 묶어두는 곳이기도 하다.

아버지의 고향, 묘가 있는 선산 마을은 지금 아파트 단지로 덮여가고 있다. 옛 모습 그대로 남아 있어도 여기가 본향이라 부르기 어색했을 것인데 아파트 단지와 비닐하우스 가득한 곳을 두고 "넓은 벌 동쪽 끝으로 옛이야기 지줄대는 실개천이 휘돌아 나가고…" 노래하긴 어려워 보인다.

시인이나 소설가쯤 된다면 자연과 서정을 씨줄 날줄로 하여 그리움을 형상화하고 그것을 가족애와 우주적 생명의 하나됨으로 승화시키는 유장함을 발휘했을 텐데 나는 사회학 전공의 저널리스트이니 능력 밖이다. 고향은 어쩌면 현대적 의미에서는 돌아가려는 곳이 아니라 찾고 싶은 곳일지도 모른다. 농경사회 아닌 디지털산업 사회에서 인간은 어디를 기준으로 해도 이방인이다. 고향의 자연은 본 적 없고 유튜브로 페이스북으로 세상을 만난 새로운 세대는 더욱 이방인이다. 나는 누구일까를 찾기 위해 고향을 뒤지지 않는 세대는 과연 어디를 뒤져야 할까?

세상에 고향만 한 곳은 없다고들 한다. 그러나 그립다 한들 거기 갇히거나 묶일 고향만큼 작은 '나'라는 존재가 이제 세상에는 없다. 예전 주소로 좌표를 찍을 뿐 그곳에

갈 수 있는 방법도 결의에 찬 귀소본능도 없다. 그곳이라
는 곳조차 없어져 버린 곳, 고향은 그런 곳이다.

라떼는

말이야

선후배들이 모이는 단톡방 몇 개에 회원으로 가입돼 있다. 선배 한 분이 '할아버지와 손자의 대화'라는 제목으로 글을 올려 화제가 됐다.

"할아버지 옛날엔 어떻게 사셨어요? 과학기술도, 인터넷도, 컴퓨터도, 드론도, 휴대폰도, 카톡도, 페이스북도 없는데⋯."

할아버지가 대답했다.

"너희 세대처럼 살지 않았지. 인간미도 없고, 품위도, 연민도, 명예도, 존경심도, 개성도, 사랑도, 겸손도 없이 그렇게 살지 않았다."

흥미로운 건 거기에 달린 댓글들이다.

"역시 선배님이십니다."

"가까이 지내는 후배들에게 전달했습니다."

간단히 이야기하자면 이런 것이 '세대갈등 유발'에 속한다. 일단 과학기술, 컴퓨터와 명예, 존경심, 사랑은 종류나 층위가 완전히 다른 개념들이다. 휴대전화 유무가 인간미 유무로 연결되지도 않을뿐더러 휴대전화는 남녀노소 누구나 사용한다.

논리학상의 오류는 접어두고 내 기억 속의 나이 든 세대도 꼭 그렇게 인간적이지는 않았다. 골목을 지날 때면 밥상 뒤집어엎으며 싸우는 소리가 흔하게 들렸고, 별 잘못 없이 화풀이 상대가 되어 아버지에게 매 맞는 아이들도 흔했다. 술 취한 어른들은 거리 한가운데서 드러눕기도 했고, 시내버스에서도 담배연기를 뿜어대다 항의하면 멱살을 잡고 으르렁댔다. 사회에선 뇌물과 급행료가 통했고, 언론계나 학교에서는 촌지가 효력을 발휘했다.

할아버지의 이야기는 이어진다.

"우리는 축복받은 세대였다. 헬멧을 쓰고 자전거를 타지 않았고 방과 후에는 스스로 숙제를 했다. 해질녘까지 들판에서 뛰놀고 '진짜 친구'와 놀았다. 목이 마르면 생수 아닌 샘물을 마셨고 친구들이 잔을 함께 사용해도 아픈 적이 없었다. 맨발로 다녀도 아무렇지도 않았다. 부모님은 부자가 아니셨지만 많은 사랑을 주셨다. 친구들이 초대하지 않아도 친구 집을 찾아가 밥을 얻어먹었다."

60~70년대에는 자전거를 탈 때 헬멧 같은 것을 쓰지 않았다고? 오토바이도 헬멧 없이 탔다. 지금까지 작업현장에서 산재사고가 무수히 발생하고 건설현장에 헬멧을 꼭 착용하자는 구호가 붙어 있는 건 자랑일 수 없다. 잔돌리기? 헬리코박터 파일로리균에 의한 위염, 위궤양, 십이지장궤양, 위암, 간염, 충치균, 구순포진, 감기독감, 결핵 등등 국민 보건을 해치는 문화다. 맨발로 다녔다고? 그래서 파상풍도 꽤 앓았다. 요즘 아이들은 신발 신고 예방접종까지 철저히 해 접하기 힘든 병이다.

샘물을 마시며 들판에서 뛰놀았다는 것은 말 그대로 축복이고 부러운 일이다. 사교육 시장이 없어서 보습학원에 다니지는 않았지만 주산, 웅변, 피아노, 태권도 도장은 다녔다. 물론 그럴 만한 여유가 있는 가정에 한해서. 그리고 넉넉한 집 아이들은 저녁 먹고 담임 선생님 집으로 가 과외 공부를 했다. 집에서 뺑소니쳐 헤매다 친구네 집이나 동네 가까운 집에 가 울먹거리면 밥이 나오던 기억도 그립다. 마을 아이는 마을 모두가 키운다는 교육철학과 닿아 있는 지점이다. 그러나 연립주택과 아파트 거주가 많은 도시에서 자란 노인들도 꽤나 되는데 너희 세대와 달랐다는 단언은 적절치 못해 보인다.

나이 들어 쌉싸름한 회한에 잠겨 예능으로 쓴 글을 다큐로 지적하려는 건 아니다. 이전에 좋았던 것에 사로잡혀 새로운 세대와 시대를 오해하는 세대 간 갈등은 피하자는 기우에서 떠올린 옛날 기억들이다. 겪은 시대가 다르면 시각과 감성도 다르고 취향도 달라진다. 그리고 그 '다름'과 '취향'이라는 것이 '하나됨'과 '획일성'이 우선시되던 과거보다 훨씬 더 존중받는 시대라는 것도 알겠다. 지금의 세대가 격 자체가 떨어진다는 건 착시이자 착각이다. 나는 남들과 다를 것이라 여기는 '제3자 오류'에 속한다.

들판에서 놀고 샘물 마시던 세대, 시각에 따라 '산업화 세대'라고도 부르고 '민주화 세대'라고도 부르는 그 세대로서 이런 이야기는 하고 싶다. 우리는 목표가 있었다. 하다 보니 그 목표에 도달했다. 1985년의 한 경제지 기사를 살펴보자.

2000년의 지표를 계량화한 국민총생산 2,500억 달라, 1인당 GNP 5천달라, 무역규모 2,430억 달라, 세계 제15위의 경제대국이면서 10대 교역국이 되는 것이 바로 그것이다.[1]

현재 국민총생산 GDP는 달러로 환산하면 1조 8,000억 달러쯤이다. 1인당 GNP는 이 기사를 썼을 무렵엔 2,000달러 수준이었을 거고, 2000년 5,000달러가 목표라고 되어 있는데 2020년은 그것의 일곱 배인 3만 4,000달러 선이다. GNP는 글로벌시대에 사용하지 않는 지표라 요즘은 계산하지도 않는다. 대신 1인당 국민소득을 따지는데 명목이냐 실질이냐도 있고 환율에 코로나19 등 변수가 복잡하니 3만 2,000~3,000달러로 보면 된다(GNI, GNP 규모는 비슷하게 나아간다). 1985년에 목표로 2000년에 세계 제15위의 경제대국이 되자고 했는데 2000년에 세계 13위였다. 지금은 10위다. 세계 10대 교역국 목표 역시 7위권 안으로 들어섰으니 목표는 넘어섰다. "라떼는 말이야." 고생담을 펼치며 산업발전의 역군이었음을 이야기할 수도 있다. 그러나 중요한 건 맥락을 짚고 미래를 위해 비전을 만들고 준비하는 것이다. 분명 대한민국은 선진국을 쫓아가던 시대가 아니고 따라오는 후발국들을 떨쳐내야 하는 위치로 바뀌어 있다.

위의 경제신문 기사에서 눈여겨볼 시대의 변화는 그

▙ 〈매일경제신문〉 1985년 1월 18일 기사 '풍요의 2천년대 (3) 경제대국 부상' 중에서

뿐이 아니다. 국민총생산 GDP, 1인당 국민총생산 GNP, 경제 규모 순위, 교역 규모 순위 모두 국가 위주의 셈법이고 생산력과 비즈니스 위주의 평가라는 점을 놓쳐선 안 된다. 물론 국가의 경제성적표를 따지는 데 필요한 지표들이지만 이 시대에는 질문이 추가됐다. "그래서 뭐? 나한테 뭐가 돌아오고 있는데?" 더 추궁한다면 "그래서 그걸 누가 가져갔는데?"라는 질문이다.

그리고 이 경제 기사처럼 지금 2021년을 기준으로 15년 뒤인 2035년에 도달할 목표를 설정한다면 어떻게 써나갈까? '세계 경제대국 5위권 진입'을 목표로 할까, 아니면 '평등과 행복지수 5위권 진입'을 목표로 할까? '남북통일'이라고 적을까, 아니면 '남북공존과 평화체제 완성'이라고 적을까? 윗세대는 거침없이 "세계 5위 안에 들면 모두가 잘살게 되는 거고 남북통일은 당연히 한국 위주로 달성해야지."라고 답하겠지만 젊은 세대는 크게 다를 수 있고 이를 강요할 수도 없다. 그들이 미래 시점의 주인공이니까. 다만 지금의 산업화·민주화 세대는 후대들이 자신들의 목표를 세울 수 있도록 사회 체제와 문화, 산업구조 기반을 만들어가야 한다. "나 때는 맨발로 다녀도 끄떡없었어."라는 식의 담론은 아무 의미도 가치도 없는 것이다. 새로운 시대에 전혀 적응 못 하고 있는 교육을 뜯어

고쳐야 하고, 걸림돌인 언론을 개혁해야 하고, 뒤처진 정치를 선진화시키고, "그래서 내게 뭐가 돌아오는데?"라는 질문을 내놓는 불평등 구조를 둔화시켜야 한다. 또 하나 간과하지 말 것은 2020년 국가 경제와 사회적 성과의 일정 부분은 산업화·민주화 세대 말고 지금의 30~40대가 참여해 이루었다는 것이다. 이건 '라떼' 것이고 저기서부터가 '너 때' 것이라는 구분 자체가 모호하니 섣부른 '세대론'은 오류이기 쉽다.

오늘 세운 목표를 지금의 젊은 세대가 15년 뒤에 이르러 "우리 세대는 목표를 초과 달성했어. 이제 다음 세대는 어떤 목표를 세울 거지?"라고 당당히 기록할 수 있기를 간절히 바란다. 또 "라떼는 말이야, 코로나19를 헤치고 나아갔어… 우리의 단합과 단결이 세계 최고의 방역이었지." 이렇게 적을 수 있기를 바란다.

버려지고 신음하는 사람들을

최소화하는 삶의 방식

우자마ujamaa, 이 낯선 단어는 스와힐리어다. 영어로 옮긴 다면 'familyhood' 우리말로 하자면 '동포애', '가족애' 라고 번역할 수 있다. 또 이러한 이념을 형상화한 나무 조각도 우자마라고 부른다.

정치이념적으로 우자마를 번역할 때는 '가족사회주의'라고 쓰기도 한다. 아프리카를 문명화시켜 준다며 접근한 유럽의 열강들은 서구 자본주의 국가들이다. 이런 배경에서 세계대전이 종식되고 하나씩 탈식민지화 내지는 독립국가로 전환하는 과정에서 사회주의에 기우는 것이 당연했다. 그러나 아프리카 대륙에 사회주의는 쉽게 어우러질 이념은 아니다. 지주/자본가가 있고 노동자/농노가 계급으로서 대립해야 하나 아프리카는 그런 산업화를 겪지도 못했으니 계급과 경계가 모호했다. 사람들은 부족 중심이었고 마을 단위로 삶을 꾸려갔다. 함께 식량을 마련하고 함께 아이들을 키우는 아프리카식 공동체는, 어찌 보면 서구 유럽의 사회주의가 이상향으로 여길 만한 것이었다. 계급이 없고 모두가 균등한 노동과 대가를 주고받는 아프리카식 사회주의는 그렇게 시작된다. 처음에는 무역, 금융, 재화의 분배 등 모든 영역을 정부가 관장하고 사유재산이 인정되지 않기도 했다.

그 대표적인 사례로 우리는 탄자니아의 줄리어스 니에레레Julius Kambarage Nyerere 정부를 꼽는다. 탄자니아의 예전 이름은 탕가니카. 영국의 식민지로 있다가 1961년 독립을 이뤘고, 가까운 인도양의 섬나라 잔지바르도 1963년 영국으로부터 독립했다. 1964년 탕가니카와 잔지바르가 연합국가로 통합하며 '탄자니아 연합공화국'이 된 것이다. 초대 대통령이 줄리어스 니에레레다. 탄자니아 초대 정부는 니에레레가 꿈꿔온 사회주의 농업경제의 부흥 작업을 시작했다. 지역마다 마을공동체를 만들고 곳곳에 흩어져 살아가는 농민들을 기획된 마을 안으로 들어와 살게 했다. 마을 운영은 공동경작에 공동수확이다. 함께 일하고 함께 팔면 효율적이며 수확도 늘고 수익도 늘어 생산성과 의욕도 높아지리라 기대한 것이다. 새로운 농사기법도 교육하고 국가개발 프로젝트가 진행됐다. 결과는 실패에 가까웠다. 여러 가지 분석이 나온다. 아프리카 전통에 공동수렵이나 채취는 익숙하지만 집단농장식 공동경작은 익숙하지 않았고, 필요보다 훨씬 많은 수확을 올려 자산으로 바꿔 쌓아놓는 자본주의 방식 또한 적응이 쉽지 않았다는 분석도 있다.

그래도 마을 안에 학교와 병원 등 주민 편의시설을 지어 삶의 질을 높이는 데는 성공했다. 근대적인 삶에 훈련되어 간 것도 긍정적 결실이었다. 마을 안으로 주민들을 모으는 데는 세금감면도 크게 기여했다. 떠돌며 살면 세금이 더 붙고 마을 안으로 들어가면 감면이 된다니 다들 마을로 찾아들었다. 남겨진 적산, 외국기업들은 국유화해 국영기업이 설립됐고 토지도 마을 소유로 정착되었다.

니에레레의 당시 통치 철학은 우리의 1960년대와 비교할 때 흥미롭다. 첫째, 지구촌이 남북으로 나뉘어 빈부격차를 벌려가고 있는 시점에서 '세계는 하나, 인류는 하나'라는 구호는 기만이라고 여겼다. 기울어진 운동장에서 자유로운 경쟁과 개방이란 가난한 나라는 뜯기고 부유한 강국만 유리해진다는 비판적 시각이었다. 그리고 '서구식 개발과 발전? 그것이 삶의 의미와 행복에 진정으로 기여하는 것인가?'라는 물음도 던졌다. 아프리카 전통사회가 유지해 온 가족애와 형제애, 그 정신으로 유대를 강화하며 비극적 삶을 견뎌온 아프리카 공동체가 서구식 개인주의 이념을 받아들이는 것이 옳은 일인가라는 물음이었다. 우자마, 동포애 사회주의는 그렇게 시작된 것이다. 니에레레는 마르크스주의의 계급투쟁론을 배격하고 우자마를 주창하며 이렇게 선언한다.

아프리카 사회주의의 기반과 목적은 우자마 혹은 가족공동체에 있다. 이는 대중의 착취를 근간으로 해서 행복한 사회를 건설하려는 자본주의 체제에 반대하며 인간 사이에 회피할 수 없는 갈등의 철학을 근간으로 해서 행복한 사회를 건설하려는 교조적 사회주의에도 역시 반대한다. …이들에게 참된 민주주의와 사회주의는 우리들이 태어나서 자라난 전통사회에서 그 뿌리를 찾을 수 있다.[1]

우자마 운동은 초기에는 성공할 듯 보였다. 역시 국가

■ '아프리카의 모든 것(www.allafrica.co.kr)' 정치 카테고리 시사용어사전 내 '우자마(Ujamaa)' 설명 인용

전체 시스템이 다듬어지지 않았던 게 패착이었다. 우선 농업만으로는 국가를 일으키기 어려웠다. 농업과 농촌 중심이었고 부를 축적하려면 농산품을 수출해야 했는데 기후조건과 세계 시장에서의 가격경쟁에 적응하지 못했다. 대가뭄까지 닥치며 상황은 더 어려웠다. 1970년대 두 차례의 오일쇼크, 이웃한 우간다 독재정권과의 갈등도 탄자니아의 정치경제 상황을 어렵게 만들었다. 권력을 쥔 엘리트들이 실패의 단초를 제공했다. 역시 어려우면 그늘에서 자라는 부패도 커진다. 지역관리 책임자를 두었는데 이 책임자들이 마을을 상대하며 독점적 권한으로 수익을 자기들 몫으로 빼돌렸고 마을 주민들의 삶은 노력에 비해 나아지지 않았다. 결국 농민과 노동자의 의욕이 꺾이기 시작했고 암시장이 생겨났다. 이리 되면 남은 길은 하나뿐이다. 다 같이 못사는 것.

우자마의 핵심 요체는 "사랑은 가장 가까운 사람, 가족을 돌보는 것에서부터 시작한다."는 이것이다. 조금 더 풀어쓴다면 첫째, 우자마는 상호존중이다. 가족들은 서로를 존중하고 가족에게 불명예스러운 행동을 한 채로 존재할 수 없다는 것이 불문율이다. 둘째, 재산과 소득은 가족이 공유한다. 공동의 소유이며 모두에게 균등해야 한다. 셋째, 누구나 공평히 일할 의무를 갖는다. 가족도, 그

가족과 함께 먹고 지내는 손님도 공평히 일함으로써 공동체의 원칙을 지킨다.

원칙으로서는 빛나는 우자마이다. 마을 공동체는 실패해도 가족공동체는 실패할 가능성이 훨씬 적어 현실성도 있어 보인다. 그러나 산업화와 세계화의 대안이 될 수는 없었다. 오늘날은 '가족이란 무엇인가?'라는 물음에 답부터 해야 한다. 정상가족주의가 이데올로기였음을 간파한 지금의 가족은 '사람들이 가족이라고 생각하면 가족'이다. 어떤 구성이건 가족은 아직까지는 인간 공동체로서는 최선의 모델이다. 버려지고 신음하는 사람들을 최소화할 수 있는 방식이다. 우자마는 실패했지만 21세기의 새로운 우자마가 기다려지는 이유다.

비바람 거세지만
꽃 피울 내일이 온다는 것 _____

최애 중드 중 하나인 〈녹비홍수綠肥紅瘦〉는 무려 73부작에 이르는 중국 대하드라마다. 원작 소설은 《서녀명란전知否知否应是绿肥红瘦》. 북송 시대가 배경이고 지방 관리의 소실 출생인 소녀가 주인공으로 등장한다. 일찍 어머니를 여의고 어렵게 자라 이혼남과 결혼한다. 시어머니에 맞서 가족과 가정을 지켜야 하고 심지어는 남편과 척을 진 간신들의 흉계, 역모의 소용돌이까지 그녀를 기다린다. 그 난관들을 헤치며 머리 희끗한 여걸이 되는 과정을 다룬 페미니즘 드라마. 그래서 제목 〈녹비홍수〉도 중국 송나라 때 여성 문인 이청조의 대표작 〈여몽령(如夢令; '꿈결 같은 노래'라고 해석하지만 실제로는 '세레나데'처럼 노래 형식에 맞춰 시를 짓고 제목으로는 노래 형식인 '여몽령'을 붙인 것)〉에서 가져왔다.

昨夜雨疏風驟

　어젯밤 비 성글게 내리고 바람 세찼다.

濃睡不消殘酒

　깊이 잠을 잤는데도 술기운 가시지 않네.

試問捲簾人

　주렴 걷는 아이에게 물어보니

卻道海棠依舊

　해당화는 지지 않고 그대로란다.

知否, 知否

　알고 있니, 알고 있니?

應是綠肥紅瘦

　분명 푸른 잎은 짙어졌지만 붉은 꽃은 색이 여위었을 거란다

시중 드는 아이에게는 그저 그대로인 붉은 꽃이지만 지나가는 봄, 흐르는 세월을 겪어낸 노년의 눈에는 힘겹게 버티는 꽃의 애처로움이 보이는 것일 게다. 내가 울컥

했던 건 그 앞 구절에서다. 아침에 눈을 떠, 남은 술기운을 떨치려 눈을 부비면서도 간밤에 해당화는 무사했을까 걱정이 앞서는 시인의 마음이다. 아이는 심드렁하니 "모두 그대로인데요." 답하지만 "그래, 네가 어찌 알겠니…. 아니란다. 삶이란 그렇게 버티며 하루하루 저물어가는 거지."라고 혼잣말처럼 읊조리는 거다.

시를 읽고 시인의 마음에 공감하되 여기서 멈추면 아쉽다. 조금 더 읽어야 한다. 드라마의 주인공 '명란'의 삶의 여정엔 작자인 이청조의 삶이 그대로 녹아들어 있다. 이청조는 시와 음악, 그림, 금석학(金石學; 문자가 새겨져 있는 종이나 비석, 금속 같은 문화 유물을 연구하는 학문)까지 익힌 중국 송나라 최고의 여성 문인이다. 남편 역시 뛰어난 문인이자 금석학 연구가였다. 남편과 고서를 탐구하고 시를 지어 읊으며 행복한 생활을 꾸려가던 그녀에게 불행이 시작됐다. 아버지와 시아버지가 정치적으로 갈라서 정적政敵이 되고 남편과는 생이별을 겪는다. 겨우 다시 합치지만 그다음은 금나라의 침략이다. 피난길에 올랐고 그녀는 남편을 병으로 잃는다. 그 후 남편의 친구에게 속아 재혼을 하고 재산을 빼앗기고 폭행에 시달리다 이혼에 이른다. 결국 홀로 비탄 속에 남은 평생을 살았다. 그런 연유일 게다. 이청조는 주당酒黨으로 역사에 기록될 만큼 술을 좋아했다. '좋아했다'라기 보단 술로 '위로를 삼았다'가 맞을 듯하다. 〈녹비홍수〉는 이런 노래다. 꿈같던 행복, 뜻밖의 이별, 끝나지 않는 외로움, 그리고 술잔을 기울이며 지새운 비 내리는 밤이 담긴 노래다. 이 쯤에서 시 한 수를 더 읽어보자. 〈취화음(醉花陰; 꽃그늘 아래서 취하다)〉이다. 후반부를 멋대로 풀어 써보자면 이렇다.

취화음醉花陰

東籬把酒黃昏後

　황혼 저물도록 동쪽 울타리 아래서 혼술했어요.

有暗香盈袖

　옷소매에 꽃향기 그윽하네요.

莫道不消魂

　그런다고 당신 그리움이 덜어질까요?

簾卷西風

　차가운 서풍 불어 주렴을 걷고 보니

人比黃花瘦

　금빛 국화 시들고 저도 따라 야위어가요.

로맨틱한 서정시도 대단하지만 절창絶唱으로 꼽히는
건 어지러운 시국을 노래한 〈팔영루에 올라題八詠樓〉다. 빼
앗긴 나라를 되찾고자 하는 갈망과 젊은 세대에게 고통
가득한 역사를 넘겨줘야 하는 안타까움이 배어 있는 노
래다. 역시 풀어서 써본다.

팔영루에 올라

千古風流八詠樓

　　　천년이 넘도록 강변의 팔영루에서는

　　　시인들이 풍류를 노래하여 오늘에 이르지만

江山留與後人愁

　　　지금의 이 강산은 후손들에게 근심 가득 남겨놓았다.

水通南國三千里

氣壓江城十四州

　　　강물은 강남 삼천리에 이르도록 내달리며

　　　14주 그 넓은 땅을 휘감아 기세를 뽐내건만.

이청조의 충정은 위태로운 나라를 걱정하며 쓴 '후손

들에게 근심 가득 남겨놓았다(〈팔영루에 올라〉 중에서)'
와 '푸른 잎이 짙어졌다(〈여몽령〉)'는 표현에 잘 드러나
있다. 푸른 잎들이 다음 해 꽃을 피우기까지 숱한 어려움
을 겪어야 하기에 잘해내 주기를 기대하면서도 미안함과
안쓰러움을 남긴 것이다. 한 시대를 내달린 나로선 고개
가 끄덕여진다. 우리 시인들도 이런 노래들을 더 많이 써
주었으면 싶다. 노래에는 그런 힘이 있으니까. 짊어진 고
통을 뒤집을 힘은 아니지만 견디고 맞서고 넘어설 힘을
주니까.

'알고 있니, 알고 있니? 비바람 거세지만 꽃 피울 내일
이 온다는 걸.'

인류가 남긴

가장 오래된 망설임의 흔적

사람이 한데 얽혀 사노라면 흔적이 남는다. 아주 오래 전, 몇천 몇만 년 전에 살아간 사람들의 흔적도 있다. 쓰던 물건이 남기도 하고 뼈나 머리카락 등 자신의 한 조각을 남기기도 한다. 유물이나 유골이 아닌 사람의 행동이 기록으로 남겨진 것도 있다. 동굴 벽화에 그려진 사냥하는 모습처럼. 인류 행적의 가장 오래된 기록은 무얼까? 최고最古의 흔적은 360만 년 전 아프리카 탄자니아에 기록돼 남아 있다.

1976년 고인류학자 메리 리키Mary Leakey는 탄자니아 북동부 세렝게티 평원 근처 올두바이 지역 라에톨리 협곡에서 발자국을 찾아냈다. 69개의 발자국. 중요한 건 발자국의 형태였다. 네 발이 아닌 두 발이고 꼬리가 끌린 자국이 없었다. 직립보행. 인간이다. 발자국들은 화산 퇴적층에 잘 보존되어 있었다. 큰 발자국 31개와 작은 발자국 38개, 어른 두 명이 걸어갔고 그 뒤를 보폭이 짧은 아이가 종종걸음으로 따라간 흔적. 이것은 가장 오래된 인류의 행위 흔적이다. 그리고 세계에서 가장 유명한 두 발자국 중 하나다. 닐 암스트롱이 달에 새긴 발자국, 그리고 라에톨리에 새긴 인류 최초의 발자국 흔적. 사람들은 닐 암스트롱 같은 멋진 이름을 지어주진 않았다. '오스트랄로피테쿠스 아파렌시스'라는 이름으로 그들 모두를 불렀다. 그리고 '앞에 걸어간 남자', '옆에서 걸어간 여자', '뒤에서 따라간 아이'로 이들을 구분했다. 훗날 '오스트랄로피테쿠스 아파렌시스'라 부르기 귀찮아지자 애칭으로 '루시'라고 불렀다.

라에톨리의 발자국은 그 뒤 여러 가지 해석을 낳았다. 누구는 남성 여성이 손을 꼬옥 잡고 걸어갔다고 추측한다. 발자국이 바짝 붙어 있기 때문이다. 또 누구는 함께 걸어간 발자국보다 방향을 틀어 행렬에서 벗어난 발자국을 주목한다. 분명 여자 루시는 남자 루시를 따라가고 있었다. 그러다 잠시 걸음을 멈추었다. 그리고 왼편으로 고개를 돌렸다. 시선의 끝에는 둘레가 보이지 않을 만큼 엄청난 크기의 분화구가 재를 뿜고 있는 게 보였다. 지금의 이름으로 마사이족 언어에서 따온 '응고롱고로' 분화구다. 무엇 때문이었을까? 여자 루시는 일행에서 벗어나 더 거칠고 어두운 '응고롱고로' 쪽으로 발걸음을 옮겼다. 그리고 몇 발자국 걸어간 뒤 다시 멈추더니 돌아서고 만다. 그리고 남자 루시와 걷던 그 길로 돌아가 함께 걸어갔다. 훗날 이야기꾼들은 이렇게 묻고 답한다. "인류가 남긴 가장 오래된 흔적이 뭔지 알아? 바로 여자가 남자를 두고 의심하며 망설인 흔적이야."

360만 년 전이나 지금이나 남성과 여성은 함께하다 갈등을 겪고 자아 정체성의 혼란을 겪는다. 여자 루시에게 '왜 떨어져 나와 홀로 걸어갔는가? 그리고 왜 더 가지 못하고 되돌아갔는가?' 질문을 던진다면 돌아오는 답은 오늘과 그리 다르지 않을 듯싶다.

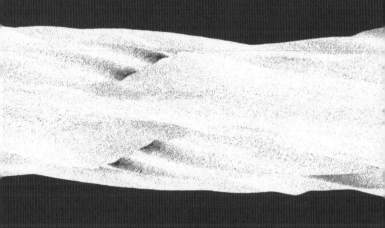

우리를 위한 사유를

멈추지 않는 길

03

사유 없이 행동하는 것이 _____

'악' _____

코로나19 팬데믹 상황에서 두 번의 여름을 지나며 주위 사람들이 내게 가장 많이 던진 질문은 '도대체 언론은 왜 그러는가?'였다. 그다음 질문은 '도대체 교회는 왜 저러는가?'였다.

언론 보도에 담겨진 것과 담지 않았으나 들여다보이는 속내, 교회와 일부 목회자들이 드러낸 저급함과 그 밑바닥의 무지를 들여다보며 내가 나에게 던진 질문은 '도대체 악이란 무엇인가?'였다. 언론이나 교회의 행태, 소속된 구성원들의 행동을 그저 모순과 욕망으로 표현하기엔 부족하다 느꼈기 때문일 게다. 한나 아렌트Hannah Arendt의 표현대로 '근본악absolute evil은 존재하며 악이 인간을 지배하는가?'라는 물음이다. 요즘 누가 악을 묻겠는가? 트렌드는 '정의란 무엇인가?' 묻는 것이다. '악이란 무엇인가?'는 대학 시절 철학 수업 때나 던지고 끝났어야 할 질문 아닌가?

악. 악의 본체에 대해 아우구스티누스Aurelius Augustinus는 "빛이라는 실체가 없는 것, 선善이 결여돼 발생하는 것이지 따로 실체가 있지 않다."라고 설명했다. 고대 기독교 전통으로는 사탄, 악마가 존재하니 그로부터 악이 나온다 할 법한데 '악의 명목론[1]'을 이야기한다. 어쩌면 이것도 간절한 기독교 신앙에서 나온 생각인 듯하다. 악이 실체가 있다면 누군가 창조했어야 하는데 하나님이 악을 창조해 세상에 던져 놓고 긴장감을 높이면서 청어 떼 속의 메기 역할을 시킨다고 할 수는 없지 않은가 말이다(청어 떼 속 메기의 역할론도 사실 근거는 없다).

훗날 칸트는 다른 정의를 내놓는다. 인간에겐 '근본적 악'이 있고 '심층적 악'이 있다는 것이다. 뿌리 깊은 근본 악(radical evil)을 제시한다. '근본적 악이냐, 심층적 악이냐'를 두고 철학적 논증을 이어가는 건 생략한다. 다만 이

---

[1] 유명론(nominalism, 唯名論)이라고도 한다. 보편자는 명사에 지나지 않다고 보며 그 실재를 부정하는 철학상의 입장. 실재론(實在論)과 대립한다.

것은 탁상공론이 아니고 현실이어서 현장에서 사건으로 나타난다.《전체주의의 기원The Origins of Totalitarianism》,《인간의 조건The Human Condition》, 그리고 무엇보다 '악의 평범성'을 논술한《예루살렘의 아이히만Eichmann in Jerusalem》을 쓴 한나 아렌트에게서다. 나치 정권하에서 비밀경찰로 악명 높았던 아이히만은 전쟁 막바지의 혼란 속에서 교묘히 탈출한다. 아르헨티나 부에노스아이레스에서 평범한 노인으로 살아가다 이스라엘 추적 팀에 의해 체포된다. 이스라엘서 아이히만에 대한 재판이 공개적으로 열리고 아렌트는〈뉴요커New Yorker〉잡지에 기고하기 위해 기자석에서 재판을 관찰한다.

아이히만을 희대의 살인마로 지목하고 추적해 법정에 세웠지만 법정에 선 아이히만은 나치 제국의 거대한 범죄 속에서 자신은 행정관료의 한 사람으로서 그저 "그 일을 수행한 것에 불과했다."고 변명한다. 자신은 그저 사무 보는 행정관료일 뿐이었고 선과 악의 실체를 놓고 따질 때 아무 생각 없는 '노바디nobody'에 불과했다는 것이다. 재판을 지켜보는 한나 아렌트의 악에 대한 철학적 바탕은 아마 처음에는 칸트의 '심층적 악'이었나 보다. 흉포한 심성을 거침없이 드러내거나 치밀한 질문에 질문을 더하면 속에 감춰둔 악마성이 검은 안개처럼 스멀스멀 피어 올라 재판정을 뒤덮을 것으로 생각했을 거다. 그러나 아무리 재판이 진행되고 유대인 학살과정을 짚고 되짚어도 악의 실체는 보이지 않았다. 그렇다면 악마가 존재하지 않는데 악은 어디서 오는 걸까?

아렌트는 고민한다. 제국의 거대한 음모와 학살 시스템에서 비밀경찰 책임자는 무슨 생각으로 관련 문서에 사인을 하고 집행을 감독한 걸까? 그렇게 해서 탄생한 것이 '악의 평범성'이다. '사유'하지 않고 단순히 머리를 굴리고 간단한 계산만 한 것이라는 결론이다. '사유'란 자신이 하려는 일이 어떤 의미를 가지며 어떤 배경과 맥락 속에서 여기까지 왔고 어디로 갈 것인지 따지는 사고 작용이다. 사유는 멈춤에서 나온다. 정신없이 뛰며 사유하진 않으니까. 과거의 관행과 습관대로 생각해도 사유가 아니다. 기계적인 동작에 가깝지 창조적·비판적 사고가 되지 못한다. 아렌트는 아이히만이 사용하는 어휘들을 분석한다. 관료들이 업무 처리할 때 사용하는 단어, 구호, 관용 어구만 반복될 뿐임을 발견한다. 대학살이라는 전례 없는 역사적 사건에서 지식인이 고민하고 짜냈어야 할 새로운 어휘나 표현들이 일체 없고 앞뒤가 없는 말들만 나온다는 데서 그가 '사유'없이 일에 몸을 실었을 뿐이라고 결론 짓는다.

아렌트의 지적으로 보면 '악'은 엄청난 실체가 아니라 평범한 이들의 일상에서 자라나는데 거기엔 세 가지 이유가 있다. 첫째는 제대로 생각하지 못하는 생각의 무능성, 둘째는 아니면 아니라고 설명하지 못하는 말의 무능성, 그리고 상대의 입장이 되어 보지 못하는 관점의 고착이다. 이 세 가지가 묶이면 '사유'하는 능력이 없다는 것이다. 아렌트의 '악이란 무엇인가?'는 결국 칸트에게서 아우구스티누스로 되돌아간다. '악'은 뿌리 깊은 본원적인 것이 아니라 특정한 상황에서 극단적으로 드러나는 인간의 행태라는 것이다. 정의의 관점에서 시대의 비극과 악행을 다루기보다 이스라엘과 유대인의 관점에서 심문하고 악의 실체를 밝히려던 입장에선 몹시도 서운했을 거다. 숱한 비난이 유대인 사회에서 아렌트에게로 쏟아진다.

한나 아렌트에게 묻고 답을 들어야 할 것들은 많다. 누구는 사유하는데 누구는 사유하지 못한다. 그 까닭은 무얼까? 그런 차이는 어디서 오는 걸까? 같은 학교, 같은 학과를 나와 동시대를 살았는데도 선과 악으로 갈린다면 그 갈림길은 어디서부터일까? 철저하고 교활한 변명을 사유의 부재로 잘못 해석한 건 아닌가? 명령과 지시를 받고 현장에서 벌였을 훨씬 더 치열한 자기변명도 사유에 해당하는 걸까?

유대인 시온주의자로 명성 높은 쿠르트 블루멘펠트 Kurt Blumenfeld는 아렌트의 멘토라 할 사람이다. 블루멘펠트의 말년에 아렌트에게 건넨 질문은 "너는 정말 이스라엘 민족을 사랑하는 거냐?"였다. 아렌트의 대답은 "사랑이란 민족, 국가와 나 사이에 일어나는 게 아니라 친구처럼 개인적 관계에서 일어나는 거죠." 조국과 국가를 사랑하는 건 이데올로기 차원이라는 답변이다. 대단히 중요한 지점이다. 이데올로기는 사유할 능력을 거두어 가고 사유하고 싶지도 않게 만들어버린다. 현실이 사유를 묶어 가두기도 하고 이데올로기가 된 사유가 현실을 더 이상 자유롭게 관찰하고 판단하는 걸 막아버리기도 한다. 당신이라면 그 순간을 알아차리고 사유하고 스스로 벗어날 수 있을까?

사유의 한 자락을 덧붙이자면 아렌트도 '악'과 '악의 요소'는 구분한다. 오늘 이 상황이 나치즘과 파시즘은 아니지만 나치즘과 파시즘의 요소들이 발생하거나 섞여 있을 수는 있다는 식이다. 기자와 교회가 이데올로기에 몸담지는 않았지만 이데올로기적 요소는 즐비하다고 바꿔쓸 수도 있겠다. 그렇다면 '어떤 이데올로기를 따를 것인가'가 마지막 선택의 문제로 남는다. 나는 지금껏 인간의 존엄과 인간 공동체의 위엄을 지키고 되찾는 것이라고 생각해왔다. 또 존엄과 위엄을 잃어버린 사람들의 해방과 자유가 곧 하나님의 갈망이라는 것이 예수의 사유였다고 나는 사유한다.

우리는 왜 땅을 기고 _____

하늘로 오르는가 _____

이것은 소리 없는 아우성.

저 푸른 해원海原을 향하여 흔드는

영원한 노스탤지어의 손수건.

……

아! 누구인가?

이렇게 슬프고도 애달픈 마음을

맨 처음 공중에 달 줄을 안 그는.

1936년 1월에 발표한 유치환의 시 〈깃발〉이다. '해원'
이나 '노스탤지어'가 가리키는 것이 무엇인지는 모르겠

다. 처음 시를 쓸 때는 시인과 신만이 그 의미를 정확히 알고 세월이 지나면 신도 시인 자신도 잘 모른다고 하니까. 나는 기자로서 '소리 없는 아우성' 첫 구절과 '공중에 달다'라는 마지막 구절에 늘 울컥한다.

21세기 문민 민주주의 시대가 시작된 지 30년이 지난 오늘날에도 힘없는 이들은 자신의 몸을 깃발처럼 공중에 매단다. 삼성 해고노동자 김용희 씨는 복직을 요구하며 서울 삼성 서초사옥 철탑 위에 올라 고공농성을 벌였다. 2019년 6월에 철탑에 올라 355일 만인 2020년 5월 땅을 밟았다. 영남대의료원 해직노동자 박문진 씨는 70미터 옥상에서 고공농성 227일 만인 2020년 2월에 내려왔다.

억울하게 해고당하거나 졸지에 정리해고를 당한 노동자들이 떠밀리고 쓰러지다 가는 곳은 극과 극이다. 오체투지로 땅바닥을 기거나 까마득한 곳에 올라 칼바람을 맞는다. 기어간다면 목표 지점이 있어야 하는데 사업주가 도망가고 기업 총수는 자취가 묘연하다. 그래서 다들 청와대를 향한다. 기어가면 무슨 이야기라도 들을 수 있겠지 기대하며 기어서 청와대로 향한다. 그러나 광화문이 끝이다. 거기서 누구나 막힌다. 세상 떠난 지 600년이 넘은 세종대왕 동상 앞에서 멈춰야 한다. 내 손으로 뽑은 대통령은 멀리 있고 세종대왕이 곁에 있다.

철탑과 굴뚝, 크레인에 올라 고공농성을 벌이는 사람들은 목표 지점이 아니라 시간이 문제다. 망할 언론들은 '지금까지의 고공농성 중 최고 높은', '지금까지의 고공농성 중 가장 긴' 이런 수식어를 써놓고 기다린다. 앞서 누군가가 200일을 했다면 다음 사람은 300일은 각오하고 올라야 한다. 땅 위에서 농성을 한 노동자들 중에는 KTX 여승무원들의 4,026일, 재능교육 2,075일도 있다. 평평한 땅? 높은 하늘? 그건 세상과 실존을 평면기하학 도면 위에 옮겨놨을 때의 설명이다. 오체투지를 한참 하다 보면 아스팔트 도로는 평평하지 않고 깎아지른 듯 솟구친 수직이다. 한 뼘 내딛어 오르기도 벅차다. 뜨거운 열기가 코와 입을 틀어막고 차디 찬 냉기가 몸을 잡아당겨 쩍쩍 달라붙는다. 어느 것이든 자신의 몸을 내 건 깃발이고 아우성이다.

한반도 고공농성의 시작은 1923년 평양 11개 고무공장 노동자 2,300여 명의 동맹파업에서 태동한다. 평양이 고무공업의 도시로 바뀌어 호황을 누리다 1929년 세계 대공황으로 위기를 맞았다. 당연히 사업주들이 노동자 임금을 삭감했고 노동자들은 동맹투쟁에 나섰다. 동맹파업을 무력화시키려 사업주들은 신규채용을 진행했지만 일자리를 달라고 찾아오는 사람은 없었다. 중국에서 저임금

노동자들을 수입하려고도 해봤는데 중국의 노동자들도 조선 노동자들의 투쟁을 지지하며 거절했다. 회사가 일단 물러서며 사태는 봉합됐지만 사업주들은 적당한 기회를 노려 다시 임금삭감, 정리해고를 들고 나왔다. 1931년 5월 30일 새벽, 평양 시내가 훤히 내려다보이는 을밀대 기와 지붕 위로 노동자가 올라간다. 젊은 여성이었다. 평원 고무공장 노동자로 당시 나이 20세의 강주룡이다. 최초의 목숨을 건 고공농성으로 사업주들의 임금삭감이 철회되고 강주룡은 내려와 체포됐다. 그러고 나서 풀려난 뒤 감옥에서 얻은 병으로 숨진다.

'멀리'와 '높이'는 절박한 이들에겐 마찬가지의 차원이다. 우루과이 출신의 저널리스트이자 아르헨티나와 스페인에서 오랜 망명생활을 한 작가 에두아르노 갈레아노Eduardo Hughes Galeano는 라틴 아메리카 이야기 모음집인 《시간의 목소리Bocas del Tiempo》에서 멕시코 할아버지와 당나귀가 걸었던 여정을 소개한다.

멕시코 북동부 '엘 그란 투날'은 멕시코 원주민이 사는 산간 오지마을이다. 먹을 거라고는 돌과 먼지밖에 없다는 최극빈 지역. 심지어 정부 행정 통계에도 등장하지 않는 유령 마을, 공식적으로 소멸됐지만 사람들이 사는 마을이었다. 1997년 이 마을 87세 노인이 당나귀와 길을 떠났다. 할아버지가 힘들면 나귀를 타고, 나귀가 힘들면 할아버지가 내려서 걸었다. 그렇게 수천리 길을 걸어 수도 멕시코시티 대통령 궁 앞 광장에 자리를 잡았다. 노인은 대통령을 만나게 해달라고 농성을 시작했다. 경찰에게 미친 노인 취급을 받으며 매일 당나귀와 함께 얻어맞고 욕을 먹으며 버티기를 1년 2개월 보름. 그러는 사이 온 국민이 할아버지와 당나귀의 존재를 알게 됐다. 결국 멕시코 정부는 할아버지에게 마을 사람들을 국민으로 인정하고 국민으로서의 권리를 보장할 것을 약속했다. 그래서 노인은 당나귀와 함께 다시 수천 리 길을 걸어 마을로 돌아왔다. 노인을 마을에 내려놓고 조금 지나 당나귀는 숨을 거두었다. 그 당나귀의 이름은 차파로, 세계사에 이름을 남긴 유일한 당나귀이다. 할아버지가 직접 남긴 말인지는 모르지만 이 말 한마디가 남겨져 있다.

"마을에서는 희망이 달보다 더 멀다. 달은 눈에 보이기라도 하니까."

높은 곳에 오르든 땅에 엎드리든 희망은 멀다. 오늘도 뉴스 목차에는 청소노동자 농성, 플랫폼 노동자 농성, 톨게이트 노동자 농성, 학교 비정규직 농성 등 자신들을 깃발처럼 내건 이들의 소식이 가득하다. 어디든 인간의 존엄은 오늘도 땅을 기고, 높은 곳에 올라 위태롭기만 하다.

벌새는
빛난다

벌새는 벌새과에 딸린 새다. 새 중에서 가장 작다. 몸길이가 5cm, 몸무게는 3g에 조금 못 미친다. 날갯짓하며 날면 바람을 가르기는커녕 그저 벌처럼 웅웅 소리가 난다. 그래서 벌새다. 벌새는 유체역학상으로 비행이 불가능한 신체 구조다. 그렇다고 이론과 비행 원칙을 알 필요는 없다. 우선 날아야 하니 그냥 날개를 힘껏 흔든다. 그래서 '날아다니는 보석'이란 애칭처럼 아름답게 난다.

'벌새' 같은 영화가 한 편 있다. 〈벌새〉. 1994년을 무대로 중학생 소녀의 성장기를 그려낸 영화다. 그저 지나쳤을 수도 있었을 법한 이 작은 영화는 전 세계를 사로잡는다. 제69회 베를린국제영화제, 제18회 트라이베카국제영화제, 제45회 시애틀국제영화제…. 지금까지 국내외 영화제에서 50여 개의 상을 휩쓸었다. 영화의 주인공 은희는 자기 앞에 펼쳐진 어둡고 깊이를 알 수 없는 거대한 세계를 궁금해한다. 영화를 만든 김보라 감독에게 물으니 역시 자신이 지나온 그 세계를 통해 자기 자신을 알고 싶어 이 영화를 만들었다고 한다. 1994년을 무대로 한 이 영화에 달린 베를린국제영화제의 평가는 이렇다. "보편적인, 그러나 구체적인 이 영화에 완전히 사로잡혔다." 지금부터 적어 내려가는 이 글은 왜 1994년이 보편적이고 구체적인가에 대한 해석이고 뜻밖의 명작을 만날 수 있게 해준 김보라 감독에 대한 작은 감사의 표시다.

1994년 압구정동에서 살고 있는 은희는 중학교 2학년생으로, 오래된 복도식 아파트에 사는 떡집 딸이다. 당연히 학교에서도 집에서도 찬밥 신세. 그러다 한자를 배우러 다니는 서예학원에 운동권 출신인 듯한 막내 이모 같은 선생님 영지 쌤이 등장한다. 영지 쌤과의 인연으로 은희의 각성이 시작되는데, 성수대교가 무너지며 비극적 이별이 닥치고 은희의 홀로서기가 시작된다.

1994년 하면 가장 쉽게 떠올릴 수 있는 건 아마도 드라마 〈응답하라 1994〉일 것이다. 도대체 1994년이란 무엇인가? 1970~1980년대를 권위주의적인 정권 아래 굴

종으로 보낸 대한민국. 1987년 민주화 운동을 통해 형식적 민주주의를 이루고 나니 운동권의 정치투쟁 과제는 흐릿해지고 투쟁 방식도 새로운 문민시대와 어울리지 않았다. 영화 속에선 은희에게 먼저 사귀자고 졸라대 놓고 어느새 마음이 바뀌어 파트너를 바꾼 1학년 여자 후배가 답을 한다. "언니⋯ (우리의 사랑) 그건 지난 학기잖아요." 물론 여전히 과도기여서 사회는 어지럽고 오랫동안 덮어놓았던 사회적 모순들은 여기저기서 폭발한다. 지존파 사건, 성수대교 붕괴, 최대 규모의 지하철 파업, 북한의 '서울 불바다' 위협, 곳곳에 주사파가 날뛴다며 시작된 신공안정국 등이 1994년 한국 사회의 모습이다. 컨트롤 타워 없는 혼란 속에 새로운 운동도 시작된다. 사회적 연대를 통한 민주화 운동을 지향하는 시민운동 단체 '참여연대'가 1994년 9월 출범한다. 운동권의 쓸쓸한 퇴조는 영화 속 조용히 학원에서 사라진 영지 쌤의 모습에서 읽히기도 한다.

왜 강남 압구정인가? 한강의 남쪽 이름은 따로 마련된 게 없었다. 한강 남쪽의 중심은 영등포였다. 영등포 동쪽의 모래밭 자갈밭이 이어진 넓은 땅, 군데군데 마을과 절 몇 개가 있는 그곳을 개발하기로 마음먹은 뒤 붙인 이름이 영등포의 동쪽 '영동'이다. 영동이란 마을이 없는데도

'영동대교'가 생겨난 이유다. 그리고 신도시 개발과 포화 상태인 강북 쪽 사람들을 강 건너로 내려 보내는 계획의 명칭도 '영동지구 개발'이었다. 1994년은 영동이란 막연한 이름 대신 강남이라는 새 이름이 자리를 잡고 강남이 강북을 압도하는 도약의 시기였다. 한국 사회가 자본주의를 발전시키며 축적한 거대한 자본이 강남으로 모여들고 강남이 한국 사회의 주류 세력 지대로 자리 잡는 시기. 아직도 밭농사를 지으며 움막 같은 집에 살거나 엘리베이터 없는 복도식 아파트에 살며 시장에서 채소 팔고 떡 파는 소시민들은 강남에서 불편한 존재였다. 이들은 어쩔 수 없이 재개발·재건축에 내몰리기 시작했다. 영화에서처럼 새로운 강남 주류 세력은 아들이 떡집 딸과 사귄다니 불편하다. 과외 공부 없이 진도가 뒤처져 영어 시간에 더듬거리는 못사는 집 애는 왕따가 운명이다. 중학교니까 봐주지 고등학교는 어림없다. 강남에 있는 명문고는 허락이 안 되고 시내버스 타고 성수대교를 건너 강북 고교를 다녀야 한다. 그해 10월 21일 오전, 성수대교가 무너질 때 사라진 학생들 상당수가 그럴 것이었다. 영화 〈벌새〉의 카메라는 이런 1994년 강남에 드리운 계급과 차별의 그림자를 그대로 담았다.

'성수대교' 참사로 국민은 묻는다. 다리를 건너라 해

서 건너는데 그 큰 다리가 무너진다면 무너지지 않는 건 무엇인가? 그 무너지는 자리에서 국가란 무엇인가? 32명을 떠나보낸 그때의 충격은 마치 세월호 참사로 아이들을 떠나보낸 때와 비슷했다. 역시 국가는 책임을 피하려 했다. 문제는 그 다리가 멋진 디자인으로 지으려고 도입한 새로운 공법으로 지어졌다는 것이었다. 1995년에 또 다른 건물이 무너졌다. 이번에는 서초동의 삼풍백화점이었다. 502명의 목숨이 희생됐다. 역시 국가는 책임을 피해갔다. 강모래를 써야 하는데 소금기 많은 바다모래를 썼다고 했다. 그다음은 1997년 IMF 외환위기. 국가는 가족도 일자리도 지켜주지 못했다. 사람들은 '각자도생'이란 구호를 떠올리며 고개를 끄덕였다. 내 살길은 내가 찾아야 했다. 사회의 어둠은 다시 짙어지고 삶은 차갑게 식었다.

주인공 은희는 영지 쌤에게 묻는다.

"선생님, 언제고 제 삶도 빛날까요?"

길을 대신 열어줄 수도 싸워줄 수도 없는 한계를 아파하다 성수대교에서 사라진 선생님은 스케치북 한 권만 답으로 남긴다. 아무것도 그려지지 않은 하얀 스케치북. 이제 너만의 행복, 너의 꿈을 그려가라고 한다. 주인공은 어두운 밤, 한강으로 가 '출입금지' 노란 경계를 넘어 선생님이 떠난 성수대교 그 자리에 선다. 자신의 물음을 확인하고 선생님의 답을 확인한다.

"선생님, 꼭 빛날 거예요!"

그 자리… 1994년 10월 21일 밤, 내가 취재수첩을 들고 떠오르는 시신들을 기다리며 서성이던 그곳이다.

모든 이를 위한 _____

구원 _____

월인천강

부처가 백억 세계百億世界에 화신化身하시어 교화敎化하심이

달이 일천 강에 비치는 것과 같다.

〈월인석보月印釋譜〉[1]의 첫머리에 나오는 해석이다. 달은 부처의 본체를 비유한 것이고, 일천 강은 백억 세계를, 강에 비친 달그림자는 부처의 화신을 비유한 것이니, '부처의 진리의 빛은 온누리에 골고루 비친다'는 뜻일 것이다.

■ 석가모니의 생애를 다룬 일종의 불경으로, 세종대왕이 지은《월인천강지곡》과 세조가 지은《석보상절》을 증보하여 세조 5년(1459)에 간행되었다.

같은 의미로 '만천명월萬川明月'이라고도 쓰고 부처는 백억신百億身이라고도 하는데 그 은총과 광명이 두루 미친다는 아름다운 구절이다. 여기서 '천'이든 '만'이든 '억'이든 그것은 구체적인 숫자가 아니라 '많은' 또는 '모두'를 가리킨다고 할 때 별 이의가 없을 것이다. 기독교로 건너와도 예수 그리스도의 구원과 은총이 세상 모든 이에게 두루 임하기를 소망하는 건 같을 것이다. 최근 가톨릭에선 작지만 작지 않은 드라마 같은 논의가 진행됐는데 살펴보자.

돌아가신 김수환 추기경의 묘비명에 성경 구절과 함께 새겨진 김 추기경의 고유 문장이 있다. 당신께서 사목 표어로 삼으셨던 "너희와 모든 이를 위하여"이다. 이 말은 관 뚜껑에도 새겨져 있다. 이 표어는 어디서 왔을까? 마태복음 26장 28절(마가복음 14장 24절)에서 비롯된다.

"이것은 죄 사함을 얻게 하려고 많은 사람을 위하여 흘리는 바 나의 피 곧 언약의 피니라."

가톨릭의 제 2차 바티칸 공의회 무렵은 각국의 언어로 가톨릭 미사 경본이 보급되기 시작한 때이다. 이전에 라틴어로 통일돼 있을 때 감사 기도(사제가 빵과 포도주를 앞에 두고 하는 감사 기도)에 쓰이는 이 구절은 'pro multis'이다. 영어의 'multi'와 같다. '많은 이를 위하여'를 그대로 번역하니 'pro multis'가 된 것이다. 영어로는 'for all', 프랑스어로는 'pour tous', 이탈리아어는 'per tutti'를 사용했다. 우리나라에서 개신교는 위에 적은 대로 '많은 사람을 위하여', 가톨릭은 '모든 이를 위하여'로 번역해 썼다. 예수 그리스도의 자비와 희생이 당연히 모든 사람을 위한 것이라는 보편성을 반영한 것이다. '모든 이를 위하여'는 보편성을 강조하는 것이지만 '많은 이를 위하여'는 구원이 은총으로 주어진다 해도 각 개인의 책임과 참여가 강조된다고 볼 수 있다.

예리하고 똑똑한 사람들이 놓치지 않고 문제를 제기했다. 분명 '많은'이 아니냐고. '월인천강'에서 '천'을 두고 몇 천 년을 읽어도 '모두'로 해석하는 표의문자와는 언어체계가 달라서 생긴 문제일 게다. 1970년대 로마 교황청은 만약 '많은'으로 해석한다면 예수 그리스도의 구원의 피는 그리스도교 신자에게만 적용되고 나머지 사람은 배제된다고 여길 소지가 크므로 문맥상 '모든 이를 위하여'로 번역하는 것이 적절하다고 판단했다. 또 라틴어로 'pro multis'라고 해석된 원래의 팔레스타인 셈족 아람어 단어는 '모두를 위하여'를 의미한다는 것이 성서 주석 학자들의 견해이기도 했다. 이럴 때 생기는 문제가 무엇인가 하면 예수의 희생이 '모든 이를 위하여'라고 단정해 버리면 세례를 받고 헌신한 사람이나 아닌 사람이나 결국 구원을 받는 것이니 '도덕적 해이'가 생길 수 있다는 것이다. 교황청은 그런 단점이 있을 수 있으나 가톨릭 신자들이 그렇게 혼란을 일으킬 가능성은 거의 없다고 보고 '모든 이를 위하여'로 밀고 간다.

2001년에 교황 요한 바오로 2세 때 교황청 훈령으로 전례문을 라틴어에서 번역할 때는 "그 내용을 하나도 빠트리거나 더함이 없이, 가장 정확하게", "단어 대 단어"로 번역해야 한다고 하면서 토론은 격렬해졌다. 2006년 교황 베네딕토 16세 때 교황청의 담당 부서인 경신성사성은 'pro multis'가 '모든 이를 위하여'이긴 하나 예수가 남기신 말씀에 대한 충실한 번역도 중요하므로 원전을 그대로 번역한 '많은 이를 위하여'로 사용하는 게 적절하다고 제안한다. 라틴어로 '모든 이를 위하여'라는 뜻을 강조하고자 했다면 'pro omnibus'라는 표현을 썼을 텐데 성경이나 기도문 어디에도 그 말을 안 쓴 걸 보면 뭔가 배경이 있을 수 있으니 그냥 '많은 이를 위하여'라는 표현을 보존하자는 이야기였다.

우리나라를 비롯해 스페인, 영국, 독일 등 다수 국가들이 다시 '많은 이를 위하여'로 돌아섰다. 문제는 교황청이 자리 잡고 있는 이탈리아. 2006년 이후로 토론을 벌이긴 하는데 일단 '모든 이를 위하여'를 고수했다. 2011년에 투표까지 벌였는데 교황청의 지침에 반해 주교들이 저항하며 압도적으로 '모든 이를 위하여'를 지켜낸다. 겉으로는 번역 그리고 번역에 배경이 되는 신학 논쟁 같지만 이것은 정치적 사건으로도 읽힌다. 이탈리아 주교들의 입장은 2차 바티칸 공의회의 개혁을 계속해서 실현시켜야 하는데 다시 뒤로 퇴행해서는 안 된다는 것이고, 지역의 자치권을 중앙이 다시 가져가 권력을 집중시키려 해서는 안 된다는 것이다.

2017년 프란치스코 교황이 라틴어로 된 미사 경본을 각국어로 바꾸는 번역 작업에 자율성을 강조하면서 다시 논란이 커진다. 어느 나라가 번역과 해석을 조금 달리했다 해도 그것이 다른 나라의 해석을 긍정하거나 부정하는 것은 아니니 자율적으로 각국 주교회의가 알아서 하라는 것이다. 그래서 치열한 논의에 들어간 이탈리아 주교회의는 2020년 8월 28일, 새 로마 미사 경본을 프란치스코 교황에게 전달했는데 예전대로 "너희와 모든 이를 위하여 흘릴 피다."로 유지하겠다는 요지였다. 이 이탈리아 미사 경본은 프란치스코 교황이 승인함에 따라 2021년 부활주일부터 쓰인다. "많은 이를 위하여per molti"가 아니고 "이는… 너희와 모든 이를 위하여per tutti 흘릴 피다."로 한다.

한국 가톨릭의 선택을 언급할 필요는 없겠다. 종교나 신학적 문제를 이야기하려고 이 주제를 꺼낸 것이 아니다. 첫째는 하나의 종교 내에서도 시대의 흐름과 지도자의 보수·진보 정치성향에 따라 어떤 변화가 일어나는가를 살펴줬으면 하는 것이다. 이탈리아 가톨릭의 흐름은 분권과 자율성을 강조한 제2차 바티칸 공의회의 정신을 지켜나가는 것이고 프란치스코 교황의 혁신 또한 건강한 분권화임을 이 사건이 보여준다.

이쯤에서 재난지원금의 '보편'지원과 '선별'지원이 떠오르는 분도 계실 것이다. '보편'으로만 가다 보면 의존성이 커지니 당연히 '선별'로 가야 한다는 보수 정당의 주장이 있고 '배제'가 아닌 '통합'을 우선해야 한다는 '진보'적 입장이 늘 맞선다. 달리 보면 촛불혁명의 계승과 발전을 고민하며 균형발전과 권력의 분립을 시도하려는 입장이 있는가 하면 권력의 중앙집중과 통치질서를 이어가려는 요구도 있는 것이다. 사람 사는 세상과 그걸 통치하는 집단의 논의는 이렇게 세속 권력이든 종교든 마찬가지다. 인간사니까.

개신교? 개신교는 이 논의에 굳이 넣을 필요가 없어 보인다. 특히 개신교 근본주의가 주류를 이룸으로써 '오직 개신교인을 위하여', 가톨릭교도조차도 기독교가 아니어서 구원을 못 받는다고 하는 편협한 근본주의가 주류인 마당에 이런 논의에 끼워놓을 여지가 없다. 그 배경 중 하나만 간단히 설명한다면 1974년 스위스 로잔 선언으로 거슬러 올라가야 한다. 개신교의 성찰과 개혁을 논의한 이 로잔 선언은 가톨릭의 제2차 공의회에 비견할 드라마틱한 사건이다. 그러나 한국 개신교를 대표해 스위스 로잔에 갔던 당시의 지도자들은 안전한 길을 선택했다. 로잔 선언은 분명 개인의 영혼 구원과 복음 전파뿐 아니라 사회 변화에 발맞춰 신앙을 재해석하고 사회의 건강한 민주 발전을 위해 개신교회가 목소리를 내고 행동으로 실천할 필요가 있음을 역설하였다. 그러나 당시 한국은 유신 독재 정권의 절정기였다. 스위스에서 공감한 대로 입을 잘못 놀렸다간 큰일을 치러야 하고 참가자들의 개인 성향 역시 사회참여에 적극 나설 만한 사람들은 소수였다. 결국 그들 대표들은 스위스 로잔에 갔다 왔다고 하면서 논의의 절반만 꺼내놓는다. 그리고 개신교의 새 비전을 국내 현실 참여와 정의 실현에 두지 않고 민족 복음화, 세계선교, 북한 동포 돕기를 제시한다. 한국 개신교의 공격적인 프랜차이즈 교회 설립, 해외 선교사 파송, 신학교 난립이 그렇게 이뤄지고 북한 선교는 반공주의와 서로 상승작용을 일으키며 냉전 이데올로기가 개신교 교회와 신도들에게 체화되는 계기를 만든다. 임진왜란 당시 수신사로 건너갔다 온 관료들이 제각각 다른 시선의 보고를 올리듯 스위스 로잔 선언도 그렇게 전달되어 개신교는 개혁의 계기를 상실했다. 아르헨티나 시인 프란시스코 루이스 베르나르데스Francisco Luis Bernárdez의 말처럼 "나무에 피어난 것은 나무 아래 묻힌 것에서 온다." 균형과 성찰을 외면하고 왜곡되게 전한 그 결과는 오늘의 전광훈이고 오늘의 보수 극우 개신교이기도 하다.

우리 사회나 개신교, 위에서 예를 든 가톨릭의 미사 경본 해석에서처럼 보수적 사고와 시스템은 필연적으로 '모두'에 대해 거리를 둔다. '평등'이 부담스럽고 '무상'에 소스라치며 긴급재난지원도 선별이 타당하다고 여기는 것이다. 그러나 그런 정책과 이념이 건강성을 잃고 오래 지속되면 인간의 관계가 손상되고 정의로운 생태계가 멀어진다. 보수를 폄하할 것은 아니다. 다만 지금 시점에서 사회가 건강하게 발전하려면 보수에 속한 이들이 전통을 지키는 것이 아니라 꿈을 꿔야 한다. 진보에 속한 이들이 현실성을 배우되 비전을 변질시키지 않아야 한다. 코로나19를 겪으며 우리는 때로는 무력하고 때로는 분노한다. 그러나 우리의 상황과 진로를 더 분명히 보는 계기도 되었다. 서로 다르다는 이유로 소모적인 싸움을 거듭하는 우리를 바로 볼 수 있었다. 지금은 '모두'를 생각하고 '모두'를 위해 나설 때이다. 그 어느 때보다도 사람을 소중히 여기며 함께해야 할 때이다.

무소유와
풀소유

'무소유無所有' 스님인 줄 알았더니 '풀full소유' 스님이었다
는 승려의 이야기가 우리 모두를 씁쓸하게 만들었다. 숱한
기사가 읽을거리로 쏟아졌는데 '혜민 스님 비로소 멈추다'
라는 제목이 기억에 남는다. 따지고 보면 종교는 무소유를
추구한 적이 없다. 뭐든 움켜쥐고 쌓아두지 않았으면 수천
년 역사를 이어오지 못했을 테니까. 한편으로는 '무소유'
를 추구하는 구도求道의 길도 끈질겼다. 그런 노력이 없었
다면 그 종교는 권력과 재산만으로 수천 년을 이어오지 못
했을 것이다. 역설적으로 나는 '무소유'를 실천하지 않는
종교인으로 인해 힘든 건 없었다. 기대하지도 존경하지도
않으면 되니까. 그러나 '무소유'를 실천한 이들은 평생 짐

(?)이 되어 무겁게 나를 누른다. 태어나 지금까지 기독교 전통 속에서 살아온 내게 큰 그림자로 드리워진 스님들은 여럿 계신다. 그 가운데 한 사람이 스즈키 슌류鈴木俊隆 선사다.

민주화를 향한 진통이 격렬하고 도심이 매캐한 최루탄으로 뒤덮이기 시작하던 1986년 여름이었을까? 조계사 옆 불교서점에서 집어든 책이《선심초심禪心初心》이었다. 겉표지를 넘기면 이렇게 적혀 있다. "지혜를 찾는 것이 지혜이다." 그리고 책 뒤표지 맨 마지막에 적힌 문장은 "초심자의 마음에는 많은 가능성이 있지만 전문가의 마음에는 가능성이란 거의 없다." 스즈키 선사는 '이제라도 시작해 보시겠는가?'라고 물음을 던지며 나를 일본 선불교의 세계로 이끌었다. '그래서 무엇을 배웠는가?'라고 물으면 답할 만한 건 없다. '지혜를 찾는 것'이 지혜일 뿐 '찾은 건' 지혜가 아니다. 그것이 '선심초심'이다. 조심스럽게 이야기하자면 일본의 선불교 특히 조동종은 '묵조선默照禪'의 전통이 강하다. 화두話頭를 붙잡고 정진하다 '돈오頓悟'의 깨달음에 이르러 이치를 통달해버리는 임제종의 '간화선看話禪' 방식에 대비되는 '점수漸修' 방식이다. 극적인 선문답에 매혹되어 간화선류의 온갖 책들을 읽어대며 모든 선문답 화두에 대해 정답을 외워버리던 당시의 내게는 죽비 같은 가르침이기도 했다. 학습과 수행은 분명 다른 것이었다. 더불어 기독교와 교회, 교리라는 체제보다 세상 속에서 하루하루 사랑하고 호흡하는 '존재함'에 더욱 주목하도록 가르침을 주었다.

스즈키 선사는 1904년생이다. 일본의 군국주의가 침략의 야욕이 되어 일본 본토와 이웃나라를 불태우던 2차 세계대전 때 일본 반전운동 그룹의 정신적 지주이기도 했던 스즈키 선사는 전쟁이 끝난 후 미국에 불법을 전하고자 했다. 간단한 영어회화조차 못하는 그가 사전 한 권에 의지해 미국으로 불교를 전하기 위해 건너갈 때의 나이는 57세, 1958년이다. 언어의 불통으로 얼마나 고생하였는지를 전하는 에피소드가 있다.

－스님, 지옥이란 무엇입니까?

"지옥은 남들 앞에서 영어를 크게 소리 내어 읽는 것."

문제는 그저 책을 읽는 게 아니라 불교의 법문을 전해야 한다는 것이었다. 아파트 거실에 아는 사람 몇 명이 모여 좌선을 하고 짧고 서툰 영어 강연이 이어졌다. 돌에 씨앗이 떨어져 뿌리가 깊이 내려지기를 바라는 거나 마찬가지였다고 사람들은 말한다.

－무얼 그리 열심히 준비를 하십니까? 어제도 두 사람 밖에 안 왔잖습니까? 오늘은 열 명이라도 오면 좋겠는

데….

"한 명이든 열 명이든 설법에 무엇이 다릅니까?"

그의 노력으로 찾아오는 사람들은 늘어갔다. 그러나 샌프란시스코는 소란스럽고 번잡했다. 그래서 산속 온천 마을을 찾아 고요히 수련에 임할 수 있는 선원도 세웠다. 수도원을 차렸으니 뭔가 규율을 정해 기강을 세우고 질서를 잡아야 했다.

-일본 승원처럼 조금 더 엄격해야 하지 않을까요?

"함께 사용하는 빗자루를 손잡이가 위로 가게 세워두면 솔이 굽어져 못쓰게 되죠. 손잡이를 아래로 가게 세우면 그게 규칙인 겁니다. 규칙이란 따스하고 친절한 마음에서 나오는 것입니다."

사람을 짓누르고 잡아먹지 않는 규율은 그렇게 세워진다. 마음으로 만들고 마음으로 행하고 기억에서 지워야 한다. 그다음은 처음부터 다시 시작이다. 매번 함께 살아가는 이들에게 어떤 것이 따스하고 친절할까 생각해 정성을 다하는 것이 규율이다. 이미 정해진 것을 반복하고, 정해진 것에서 벗어나는 건 잘못이라고 긴장하는 건 기계적 동작일 뿐 마음이 담긴 행동이 아니다. 늘 새롭게 만나고 새로운 마음으로 대하는 '초심'은 그래서 '선의 마음'이다. 교리 위주의 가르침에 익숙한 개신교 신도로서 스즈키 선사의 이런 가르침은 용기와 위로가 되었다.

"여러분, 불교는 선조들이 만든 걸 냉장고에 보관했다 꺼내먹는 그런 게 아닙니다. 밭을 일구고 씨를 뿌려 거두고 스스로 음식을 만들어야 합니다."

제자들이 깨달음을 얻으셨냐고 물으면 스즈키 선사는 깨달음에 대해 아는 건 없다고 답했다. 물론 그 말을 믿는 사람은 없었다. 깨달음을 얻었노라 자만하지 말라는 뜻일까? 한 번 얻은 깨우침에 집착하지 말고 더 정진하란 이야기겠지? 다들 그렇게 여겼다. 스즈키 선사도 그런 마음을 읽었는지 다른 답을 내놓았다.

"왜 깨달음을 얻으려고 그러는 겁니까? 깨달음을 얻고 난 다음이 더 마음에 안 들거나 불행할지도 모르는데···. 별무기특別無奇特, 훌륭해 보일 수 있고 훌륭함을 얻을 수도 있겠지만, 얻고 난 후에는 아무것도 특별하지 않습니다."

그의 가르침으로는 그냥 앉아서 참선하는 것이 처음이고 끝이다. 참선해서 무얼 얻어내야 하는 것이 아니라 자세를 바로잡고 앉는 것이 나를 바르게 하는 길이고 바른 길에 들어선 것이다.

"선은 어떤 종류의 흥분이 아니라 평범한 일상에 대한 정신 집중입니다."

꾸밈없이 수수한 질박質樸한 가르침이다. 참선을 하면 무언가 나아지리란 기대, 참선을 했으니 무언가 나아졌으리란 뿌듯함을 지운 참선…. 그런 경지가 탐나는 내게 그는 말한다.

"수행마저도 그렇게 극성스러우니 좌절하는 겁니다."

스즈키 선사는 제발 그 자리에 '앉으라'고 한다. 앉아서 뭘 하려 하지 말고 '앉아 있으라'고 한다. 앉음은 수단이 아닌 그 자체가 선인 것이다. 몸이 앉으면 마음도 앉는 것이고 몸과 마음이 앉았다면 그 자체로 이미 진리를 드러내 보이고 있는 것이다. 앉으면 고요해지고 고요해지면 맑아지고 맑아지면 밝아지고 밝아지면 통하는 것이다. 이렇게 읊조리는 나라는 기독교인은 과연 불교도인가, 기독교도인가?

"우리는 조동종 신도도 아니고 선불교 수행자도 아닙니다. 불교는 이렇고 저렇고 한 것이 아닙니다. 해야 할 바를 온몸 온 마음으로 하고 있는 것이 불교입니다. 이것을 이해한다면 진정한 불교도입니다."

그러니 다시 한 번 묻는다. 무소유가 불교입니까? 풀소유도 불교가 될 수 있습니까?

도망은 부끄럽지만

도움이 된다

2020년 코로나19 팬데믹으로 역사 속에서 소환된 사건이 유럽의 페스트 대유행이다. 1347년부터 1350년까지 2,000만 명에서 3,500만 명가량의 목숨이 희생된 걸로 추정한다. 1918년 스페인 독감도 유럽에서 2,000만 명에 이르는 사망자를 발생시켰지만 전체 인구 대비 사망자의 비율로 따지면 페스트 대유행이 압도적이다. 세 명 중 한 명꼴로 숨졌고 200년 뒤에야 인구가 회복됐다.

이런 참극 속에서 타격과 손실의 크고 작음을 따지는 건 내키지 않는 일이나 가장 심대한 타격을 입은 곳은 교회였다. 페스트가 번지고 상대적으로 청결한 환경 속에서 산다 해도 막아낼 수 없다는 게 확인되자 고위성직자들이 먼저 도망치기 시작했다. 왜 그들이 먼저였을까? 답은 간단하다. 도망칠 수단을 동원할 수 있는 힘과 자산을 가졌으니 그렇다. 평민, 농노, 노예들이 몸을 피해 의탁할 곳을 마련할 수 있었을 리 없다. 죽음의 공포에 못 이겨 떠난들 그 길 자체가 죽음의 도상이지 도망과 도피가 아니다. 추기경, 주교 등 고위성직자들이 도망치는 걸 목격한 사람들은 실망했고 배신감을 느꼈다. 거기에다 성직자들은 안전하다 생각한 곳인지 기도에 응답해 신이 점지해 준 피난처인지로 도망갔지만 병마를 피하지도 못했다. 별 수 없이 죽어 나가는 성직자들을 보며 사람들은 이제껏 의지해 온 교회와 성직자의 능력에 대해 재평가하게 됐다. 그들이 가르쳐 준 기도, 계율에 따른 금욕과 고행, 헌금, 성직자 수발이 병마로부터 막아주지도 치료해주지도 못한다는 걸 감지하고 만 것이다. 전염병이 돌거나 힘든 일을 겪을 때면, 세상 사람들이 지은 죄 때문에 신이 벌을 내리시는 거라던 신벌神罰의 계시도 그 힘을 잃기 시작했다. 페스트 이후 교회는 추락한 신뢰를 회복하기에 역부족이었다. 많은 성직자들이 병으로 숨졌고 그 빈자리를 메울 훌륭한 성직자는 준비되어 있지 않았다. 수준 이하의 성직자가 그 자리에 들어서고 평판은 더욱 나빠졌다. 이런 상실과 추락을 기반으로 인문주의가 성장하면서 종교개혁은 토대를 서서히 다져 나갔다.

2020년 코로나19 팬데믹이 시작됐다. 기독교의 대응은 역사적 경험을 바탕으로 둘로 갈라졌다. 가톨릭은 도망칠 수 없다는 걸 익히 깨쳤고 도망친들 그다음에 오는 손실 또한 막대하다는 걸 알고 있었다. 무엇을 해야 할지 신앙적으로나 사회교리적으로 체계적인 기반도 구축해 두었다. 반면에 개신교는 설익은 용기로 가득했다. 가톨릭이 미사를 중단하고 신도들을 위무하는 데 집중한 반면 개신교는 대면 예배를 강행하며 기존의 전례(典禮, liturgy)를 생략하지 않으려 했다. 전광훈 씨의 사랑제일교회나 강경한 보수 목사들의 교회에서만 벌어진 일이 아니다. 〈AP통신〉과 〈르몽드 디플로마티크〉 등의 취재분석을 두루 읽어 보면 그것은 한국 개신교의 양상이 아니라 세계 개신교의 공통된 모습이다.

볼리비아에서는 코로나19가 확산된 후 6개월 남짓한 기간에 복음주의 개신교 목사 100명가량이 사망했다. 니카라과에서 숨진 목사는 44명으로 보고됐다. 그런 교회에서는 신도들도 다수가 코로나19에 감염됐다. 밀집 상태에서 예배를 강행하는 반면에 코로나19 검사에는 소극적이거나 부정적이라 벌어진 일이다. 〈AP통신〉은 "중남미에서 복음주의 교회들이 코로나19 확산을 막기 위한 정부의 조치들에도 복음 전파를 이어갔다."며 "많은 국가에서 교회들이 공중보건지침을 어기고 대면 예배를 하거나 집 등 다른 장소에서 목회를 했다."고 보도했다. 일요일에 교회에 가 목사가 집례하는 공적 예배에 참석치 않으면 중한 죄로 여기는 교인들은 심지어 살던 마을에서 멀리 떨어진 도시 교회로 모이는 위험한 행동을 계속했다.

브라질 동부 국경 지역의 원주민 지도자가 AP통신과 진행한 인터뷰에 따르면, "일부 주민들이 도시의 복음주의 교회 예배에 참석한 후 바이러스를 가지고 마을로 돌아온다. 교회 예배가 주민들을 위험에 빠뜨린다."

미국은 굳이 설명할 필요가 없다고 본다. 캘리포니아주 새크라멘토에서는 개신교 목사가 코로나19 방역 반대 집회까지 열었다. 사회적 거리두기나 마스크 착용을 무시한 1만 2,000명이 참가했다. 미국 CBS방송은 집회를 주최한 베델교회 숀 포이트 목사가 행사 홈페이지에 "거물급 정치인들과 사회관계망서비스SNS 기업들이 종교적 자유를 공공연히 유린하고, 신자들을 침묵시켜 우리 목소리를 막고, 신이 주신 그의 선함을 알릴 권리를 노골적으로

┗ 〈연합뉴스〉 2020년 8월 27일 기사 '중남미 복음주의 개신교 코로나로 큰 피해…목사 사망 잇따라' 중에서

공격하고 있다."고 적어놓았음을 지적했다. 이 개신교 목사의 주장은 미국 극우 음모론 집단 '큐어넌'의 주장과 거의 일치한다. 마치 전광훈 씨 등 개신교 목사들이 극우 유튜버나 일베 사이트의 주장을 교회 설교에서나 집회 연설에서 외쳐대는 것과 같은 현상이다. 미국의 '큐어넌'은 페이스북에서 차단 조치 된 상태다. 그래도 미국의 한국 교민 중 보수 개신교인들이 이를 국내로 열심히 퍼 나르고 있어 가끔은 마주칠 기회도 있다.

이 현상에 대해 〈르몽드 디플로마티크〉는 '기독교 복음주의, 반동적인 초국가기구'라는 제목의 전문가 합동기고에서 지구촌 개신교 복음주의의 근황을 이렇게 전하고 있다.

1980년대 초부터 비약적으로 성장해온 복음주의는 극보수적 세계관을 공유하는 신자들을 결집하고 있다. 한국-미국의 경우처럼 국경을 초월한 연합을 구성할 힘을 지닌 목사들은 성경해석을 앞세워 낙태나 동성결혼을 격렬히 비난한다. 그런

┗ 〈한국일보〉 2020년 9월 8일 기사 '미국판 전광훈 집회? 새크라멘토서 목사 주최 1만2000명 집회' 중에서

한편 넉넉한 수입을 챙기는 것에도 부지런하다. 오랫동안 정계에서는 존재감이 없던 복음주의자들은 이제 나이지리아를 비롯한 전 세계에서 선거에 영향을 끼칠 만큼 공적인 분야에 투자하고 있다…**▮**

앞으로도 한국 개신교는 지구촌 여기저기서 숱한 정치사회적 욕망과 어우러져 변질되고 과격해진 개신교와 얽혀 위태로운 행보를 계속할 것이다. 어쩌면 한국의 개신교가 그 선두일 수도 있다. 부디 조심하시길. 코로나19 바이러스도 막아낼 수 있고, 감염된들 고칠 수 있고, 감염되어 크게 상한다 해도 그게 축복이고, 죽는다고 해도 천국에 가니 겁낼 것 없다며 목숨 걸고 싸우자 외치는 사람이 있다면 그 곁을 피하는 것이 좋다. 과장된 신념과 몸짓에 말려들지 마시길. 절대로 그는 죽지 않고, 뒤따르던 사람만 죽거나 다치게 될 것이다. 오래전 우리가 사랑했던 작품 〈은하영웅전설〉의 자유행성동맹 사령관 양 웬리(나의 최애 캐릭터) 사령관의 충고가 떠오른다.

▮ 〈르몽드 디플로마티크〉 아크람 벨카이드(Akram Belkaïd) 등이 기고한 2020년 8월 31일 기사 '기독교 복음주의, 반동적인 초국가기구' 중에서

사람들은 전쟁을 시작할 때 이렇게 말하지. 목숨을 바쳐서라도 지켜야 할 가치가 있다고. 그러다 전쟁을 그만 끝내야겠다 싶으면 이렇게 말해. 사람의 생명보다 더 소중한 게 세상에 어디 있겠냐고.

맨 처음 깃발을 들고 앞장서 외치던 사람은 어느새 자기 피신처도 다 마련해두고 있고, 뒤늦게 휩쓸려 들어간 사람은 죽거나 헐벗은 채로 끝나는 게 세상사다. 가치, 신념, 희생… 이런 단어들로 머릿속이 어지러워진다면 간추려 이렇게 정리할 수 있다. 분명히 말할 수 있다.

"도망은 부끄럽지만 도움이 된다."

펭수와 헤겔의

광화문 연가

코로나19 3차 대유행으로 우울하고 불안하던 지난 2020년 11월 30일, 언론들이 일제히 보도한 뉴스가 있다. 서울 광화문 교보생명 빌딩 글판이 바뀌었다는 거다. 교보생명은 겨울판으로 이런 글을 내걸었다.

살아온 기적이 살아갈 기적이 된다고

사노라면 많은 기쁨이 있다고

글판의 배경 삽화는 낚시하는 어부의 모습이다. 커다란 달이 뜬 바다에서 고기를 걸어 당기는 모습. 시민 공모로 모은 문안 중에서 고른 것인데 새해를 맞는 희망을 노래하고자 한 것이다. 이걸 펭수식 사이다로 뒤집어 이야기하자면 "희망이 없는데 어떻게 희망을 가져요?"라고 할 수 있다. 힘들다 하면 힘내라 하고, 아프다 하면 아프지 말라고 하고, 슬픈데 슬퍼하지 말라고 하고, 당장 눈물을 떨구며 엉엉 울고 있는데 울지 말라고 한다. 그런 쉬운 위로와 격려가 말이 안 된다는 걸 고맙게도 나는 펭수로부터 배웠다. 그러면 나는 잠시 울도록 지켜본 뒤 무어라 위로를 건넬 수 있을까? 생각해 보니 나는 펭수를 다시 뒤집을 수밖에 없다.

"희망 그 자체가 희망이 없는 사람들을 위해 존재하는 것이다."

희망이 없는데 희망을 가지라고 하는 건 툭 성의 없이 던지는 '라떼는 말이야' 식의 충고만은 아니다. 넘어지고 쓰러져 뒹구는 사람의 고통을 넘어져 본 적이 없는 사람이 공감하는 건 어렵다. 그 반대의 경우도 있다. 넘어졌다 다시 일어나 기어코 끝까지 완주한 사람의 결기를 그냥 주저앉는 걸로 끝낸 사람이 공감하기도 어렵다. 누군가 쓰러져 가쁜 숨을 몰아쉬는 걸 지켜볼 때, 또는 자신이 그렇게 쓰러져 있을 때 우리는 어떤 선택을 해야 할까? 통상의 위로를 뒤집는 펭수의 사이다 공감에 고개를 끄덕인 그 다음은? 중단이 해답은 아니다. 다시 일어서면 길은 있다는 희망을 놓쳐선 안 된다. 희망을 놓지 않으면 희망은 싹을 틔운다는 것이 우리의 희망이다. 이것은 헤겔의 정반합의 변증법이다. 아이스 아메리카노가 담긴 유리잔을 위에서 똑바로 내려다보면 둥글지만 옆에서 보면 사각형이다. 컵이 둥글다는 건 오류다. 사각형도 오류다. '테제'와 '안티테제'를 거쳐 '진테제synthese'가 등장한다. 컵은 원통형이다. 쓰러진 사람의 희망을 놓고 펭수의 안티테제와 펭수 너머의 진테제까지 사고하는 힘, 그것을 길러내기 위해 우리는 인문학에 힘을 쏟기도 한다. 그런데 철학적 사고는 보다 구체적인 힘으로 바뀌는 과정이 필요하다. 여러 경로가 있겠지만 나로서는 스토리텔링이었다. 실제 그런 사람들을 만나고 그들의 이야기를 듣고 또는 그들의 삶의 기록을 찾아 읽어 나가다 보니 철학은 힘이 되고 사회학은 눈이 되고 역사학은 경험이 되고 문학은 짧고 강한 되새김이 되었다. 그게 나의 저널리즘이기도 했다.

'살아온 기적이 살아갈 기적이 된다'는 김종삼 시인의 시 〈어부〉에서 따온 구절이다.

머얼리 노를 저어 나가서

헤밍웨이의 바다와 노인이 되어서

중얼거리려고

살아온 기적이 살아갈 기적이 된다고

사노라면

많은 기쁨이 있다고

김종삼 시인은 3·1 만세 운동이 끝나고 몇 년 뒤 황해
도에서 태어났다. 시인은 일본 유학시절 시와 음악에 흠
뻑 취해 출판일, 막노동으로 생활하다 귀국해 연극계에
몸담았다. 그리고 전쟁 중 시인으로 등단한 그는 생활고
와 병고에 시달리며 힘겨운 삶을 이어간다. 클래식 음악
을 사랑했고 세상에 대한 예의라며 외출 땐 꼭 모자를 썼
던 초월적 낭만주의자에게, 시는 그의 직장이었고 술이
그의 가정이었다. 구걸해 마시고 훔쳐 마시면서 그렇게
무너지며 시를 썼다. 술에 취해 거리에 쓰러진 뒤 무연고
행려병자로 병원에서 발견되기도 했다. 그의 〈형刑〉이라
는 시에 그 여정이 담겨 있다.

여긴 또 어드메냐

목이 마르다

길이 있다는

물이 있다는 그곳을 향하여

죄가 많다는 이 불구의 영혼을 이끌고 가 보자

그치지 않는 전신의 고통이 하늘에 닿았다

이렇게 부르짖던 시인은 간경화로 1984년 겨울 세상을 떠났다.

글을 적고 보니 죄송하다. 희망을 노래한 멋진 시를 소개하고 희망을 고집하더니 이런 먹먹한 이야기를 전한다. 노래는 문학이지만 시인에 관한 이야기는 저널리즘이다. 나는 이렇게 독자들에게 테제. 안티테제의 이야기를 전한다. 이것이 작품 아닌 작품 뒤의 인생이다. 희망을 불러내고 지키는 일이 결코 만만치 않다는 걸 모두 안다. 누구의 삶이든 있는 힘껏 버티며 여기까지 왔고 또 나아갈 거다. 아내가 옆에서 묻는다. "그래서 당신은 이제는 삶을 어떻게 살려고 해요?" 나는 세속적으로 그러나 솔직히 대답했다.

"가능한 한 오래도록 일을 해야지. 최선을 다해 건강

한 핏이 살아 있는 몸을 지켜갈 거야. 깔끔히 차려 입고 카페로 나갈 거야. 향이 좋은 커피를 마시며 지나는 이들에게 가볍게 목례를 하고 웃으며 변함없이 그 자리를 지킬 거야."

모든 사과나무의 목표가 해마다 작은 가지를 새로 내는 것이듯, 나의 계획도 그렇다. 모든 희망이 그렇듯이, 지금의 생명을 감사해하며 유지하는 것.

삶이 막아선 곳에서 충돌사하는 _____

이름 없는 이들에 대하여 _____

즐겨찾기로 등록해 놓고 매일 한 번씩 들어가는 뉴스 사이
트 중에 〈비마이너〉가 있다. 장애인을 비롯한 소외계층들
의 소식이 그곳에 올라온다. 〈비마이너〉의 메인 화면 하단
에는 누군가의 사망소식을 전하는 부고訃告란이 있다. 여
기에는 날마다 무연고자 장례 공지가 뜬다. 나는 두꺼운
얼굴로 부끄러움과 먹먹함을 가리고 뻔뻔스레 그 부고를
읽곤 한다.

———————————

〔무연고자 장례〕10월 **일 (일) 서** 님과 한** 님 장례가 서
울시립승화원에서 있습니다. 고인의 명복을 빌며, 영결식에

참여 부탁드립니다.

※ 장례에 참여하실 유가족과 지인 분들은 9시 50분까지 도착하셔서 1668-3412(공영장례 상담지원센터 상담전화, 24시간 통화 가능합니다만, 저녁 6시 이후 상담은 자원봉사자 개인 핸드폰으로 연결하여 재택에서 긴급한 상담에 한해 지원함)로 연락 부탁드립니다.

이렇게 공지문이 뜨고 그 아래에 돌아가신 분의 약력이 소개된다. 흔히들 고인의 약력이면 '어떻게 살아오셨나'를 소개하지만 무연고인 탓에 약력소개는 본래 사시던 곳, 돌아가실 때 상황을 전하는 두어 줄로 끝난다.

서**(남) 님은 1963년생으로 서울시 중랑구에 사시다 지난 2020년 9월 26일 거주하시던 곳에서 사망하신 채 발견되셨습니다. 사인은 미상입니다.

"거주하시던 곳에서 숨지셨습니다." 당연히 맞는 설명이지만 설명되지 않는 설명이다. 숨이 멈추기 직전 누운 채로 버티던 그곳이 '거주하시던 곳'이니까 그곳에서 숨지는 건 누구에게나 같다. '거주하시던 곳'은 아마도 떠돌다 떠돌다 떠나셨는데 더 이상 걸음을 옮길 수 없을 만큼 쇠약해져 멈추게 된 그곳이 아닌가 싶다. 간혹 "○○○ 님은 마지막 사시던 곳에서 숨지셨습니다." 이런 설명도 눈에 띈다. '거주하시던 곳'과 '마지막 사시던 곳'은 과연 어떤 차이가 있는 걸까? 한 줄 한 단어에 담긴 고통과 절망의 무게를 참으로 헤아리기 어렵다.

전**(남) 님은 1940년생으로 마지막 주소지는 서울시 제기동의 한 주민센터로 의료급여수급자로 등록할 당시 신분확인이 되지 않아 사회복지전산 관리번호를 부여받았습니다. 지난 2020년 9월 17일 오후 2시 40분 서울시 영등포구의 한 요양병원에서 사망하셨습니다. 사인은 저알부민증 빈혈로 인한 심폐부전입니다.

마지막 주소지가 주민센터. 그래도 마지막 떠나시기 전 누군가 도움을 드리려 애쓴 흔적일 게다. 그러니 요양병원에라도 잠시 들르셨을 것으로 보인다.

김**(남) 님은 1963년생으로 서울시 구로구에 사시다 지난

2020년 10월 3일 서울시 구로구의 한 야산에서 사망하신 채 발견되셨습니다. 사인은 외인사로 고인 스스로 안타까운 선택을 하셨습니다.

유**(여) 님은 1947년생으로 마지막 주소지는 경기도 성남시의 한 주민센터로 지난 2020년 8월 28일 서울시 송파구의 한 아파트에서 고인 스스로 안타까운 선택을 하셨습니다. 사인은 추락입니다.

어느 작은 산등성이에서, 다른 이들의 보금자리 아파트에 잠시 들러 이제 그만 떠나야겠다고 작별을 고한 분들의 소식이다. 아파트 옥상에 올라 마지막으로 내려다본 세상은 어떤 모습이었을까? 산 아래를 보며 무어라 마지막 한마디를 남기긴 하셨을까? 부고에 적힌 사인은 추락이라고 하나 숨진 원인이 정말 추락일 리는 없다. 추락사墜落死는 엄밀히 따지면 더 이상 떨어질 곳이 없이 땅이든 바닥이든 무언가가 가로막고 있었기 때문에 '충돌사衝突死'라고 써야 맞다. 인생에 더 이상 갈 곳이 없고 앞이 막혀 내일이 보이지 않으니 그런 선택을 하신 거다. 앞을 막아버린 세상이 책임져야 할 일이다.

전**(남) 님은 1970년생으로 서울시 마포구에 사시다 지난 2020년 9월 24일 서울시 영등포구의 한 여인숙 내 공용화장실에서 사망하신 채 발견되셨습니다. 사인은 급성 심근경색으로 추정됩니다.

강**(남) 님은 1973년생으로 서울시 중랑구에 사시다 지난 2020년 8월 28일 오전 11시 36분 거주하시던 곳에서 사망하신 채 발견되셨습니다. 사인은 불상입니다.

박**(남) 님은 1994년생으로 서울시 관악구에 사시다 지난 2020년 9월 8일 오후 4시 18분 거주하시던 곳에서 사망하신 채 발견되셨습니다. 사인은 불상입니다.

70년대생, 90년대생… 이 나이에 담긴 좌절과 몸부림을 누가 나서 설명할 수도 없고 설명하겠다는 이도 없어서 '무연고 사망'이다.

이 글은 여기까지다. 더 이상 무슨 설명이 가능하겠는가. 사람 사는 세상을, 얽히고 얽히다 먼지처럼 흘흘해지는 인간사를 여기 부고들만큼 진하게 설명해 줄 길이 없다.

그해 여름의
이념과 칼

2020년 여름은 코로나19로 숨찼다. 그리고 한국 개신교의 민낯을 보는 일로 답답했다. 개신교 교회는 코로나19로부터 사람을 지켜주고 서로 돌보게 이끌지 못했다. 오히려 바이러스 감염의 위험 속으로 구겨 넣는 모습은 충격이었다. 이것은 2020년 여름의 '빌런'으로 등장한 전광훈이라는 인물 하나만으로 설명할 수 없다. 그 이야기를 책으로 쓴다면 차례는 이렇게 구성될 거다.

---

1. 미국 개신교 선교와 조선 서북 세력의 만남
2. 개신교 서북파를 중심으로 한 민족주의의 태동

3. 공산주의에 쫓긴 서북파의 남행

4. 서북파와 기호 세력의 상봉, 그리고 갈등

5. 미군정을 매개로 한 개신교 서북 · 기호 세력과 친일파

6. 개신교 우파 반공주의 구축과 군부 독재 유착

7. 한국 사회 변동에 따른 개신교의 확장과 기득권화

8. 민주문민 체제 이후 개신교 위축

9. 신자유주의와 뉴라이트 운동, 그리고 개신교의 수구화

10. 개신교의 위기 탈출구로서의 혐오 및 배제

11. 우파 헤게모니 광풍과 개신교의 세속 정치 참여

12. 반지성적 개신교의 몰락과 새 출발

시야를 더 넓히고자 한다면 여기에 미국 개신교의 흐름을 부록으로 얹는 것이 좋겠다.

계몽주의의 발전과 개신교의 위기

미국 개신교의 천년왕국 맹신과 근본주의 태동

개신교 근본주의와 아메리카 지상주의

미국 개신교 근본주의의 한반도 이식

미국 신사도주의의 발현과 한국 개신교의 정치적 변화

개신교에서 번지는 이스라엘 회복운동과 신사도주의

종교나 기독교에 관심이 없는 분들에게는 낯설고 지루한 목록일 수 있다. 그러나 종교도 시대적 산물이다. 민주주의, 공산주의, 자유주의, 자본주의, 사회주의, 전체주의, 아나키즘, 공화주의, 거기에 수정자본주의, 네오마르크스주의 등등 우리를 둘러싸고 있는 이념들도 시대적 산물이다. 우리는 그것들을 피할 수 없다. 알게 모르게 그 영향들을 받거나 선택해 추종하며 살아간다. 그래서 우리가 무엇을 해야 하는가를 정확히 하려면 우리가 어디서 어떻게 흘러왔고 무엇의 지배를 받는가를 정확히 파악하는 것이 옳다. 우리가 무엇을 알면 그것을 움직일 수 있지만 모르면 그것이 우리를 휘두른다. 그래서 내가 어떤 이념을 어디서 배워 어느 정도 따르고 있다고 자각할 수 있어야 한다. 자신의 좌표를 분명히 하려는 노력은 바람직한데 요즘의 사회는 상대의 좌표를 찍는 데 더 골몰한다. 누군가에게 '당신은 ○○주의자'라고 딱지를 붙이고 나면 사람들은 그 사람을 이해하는 데 노력을 기울이지 않는다. 더 이상의 이해가 필요 없다. 그때부터는 함께할 건지, 거리를 둘 건지, 공격할 건지만 생각하게 된다. 더 불행한 건 '○○주의'라고 명찰을 붙이면서도 정작 그 '○○주의'를 제대로 알지도 못한다는 것이다.

지난해 9월 미국 오리건 주 포틀랜드에서는 극우단체

'프라우드 보이스Proud Boys'의 좌파규탄 집회로 비상사태가 선포됐다. 이들은 트럼프의 '법과 질서 회복'이라는 대선 캠페인에 열렬한 지지를 보냈다. 그리고 카일 리튼하우스까지 지지해 사람들을 놀라게 했다. 카일 리튼하우스는 경찰이 쏜 총에 맞아 사망한 흑인 제이콥 블레이크를 추모하고 경찰에 항의하는 시위가 벌어지자 반자동소총을 들고 자신이 사회질서를 수호하는 자경단이라고 외치며 활보하다 시위대와 충돌했다. 결국 수적으로 밀리자 시위대에 반자동소총을 쏘아 두 명을 숨지게 했다. 리튼하우스가 1급 살인죄로 기소돼 재판이 진행되면서 그의 재판을 돕는다며 모금된 성금만 23억 원을 넘겼다.

이념은 한 나라와 다른 나라의 대결에서 작동하다 전쟁을 불러오는 관념 덩어리가 아니다. 지역 사회의 집단과 집단, 개인과 개인 사이에서 수시로 총과 칼을 휘두르게 할 수 있는 적개심의 뿌리가 되어가고 있다. 이념을 가진 이들에게 물으면 누구나 세상을 튼튼히 하거나 뜯어고쳐야 한다는 명분을 말한다. 그래서 확고한 신념을 갖추기 전에 더 조심스러워야 하고 내게는 엄격해야 하며 타인에게 관용의 여지를 두어야 한다. 개인적으로 당신의 사상적 좌표는 무엇이냐는 질문을 받기도 한다. 면밀히 따져 본 적이 없고 따지고 싶지도 않지만 앞서 말한 것들

중 다섯 개 정도가 버무려져 있는 듯하다. 어떤 이념을 받아들이는 것이 좋으냐고도 묻는다. 물론 나는 정답을 알지 못한다. 그래서 충고한다.

"어떤 이념과 신조가 마음에 쏙 들 수는 있어. 그러나 문제는 현실에 딱 맞느냐 하는 거지. 현실에는 나만 있는 것도 아니고 내 마음만 있는 것도 아니니까."

언젠가 전해 들은 한 편의 우화는 이념과 사상, 실존에 관해 많은 것을 생각하게 한다.

어느 동물원에 커다란 사자 우리가 있고 꽤 많은 사자들이 모여 살았다. 오래된 동물원이다 보니 동물원에서 태어나고 자란 사자들이 다수였다. 어떤 사자들은 질서와 통제가 중요하다며 자율관리 체제를 만들고 동물원 측에 협조해 잘 먹고 잘사는 길을 고집했다. 다른 무리들은 감히 사자를 인간의 무리가 지배하고 길들이는 걸 거부했다. 틈을 봐 관리사들을 공격해 체제를 뒤집어보려 했고 순응하며 살자는 무리들을 수구적이라며 질타했다. 어느 무리는 쇠창살로 된 사자우리는 잠시 머무는 곳이고, 자신들이 가야 할 본향은 따로 있으나 살아생전에는 어렵고 죽어서 은총으로 갈 수 있다 믿었다. 연일 찬송가를 부르고 기도도 하고 닭다리를 아꼈다 헌납도 한다. 인간들이 매달아 준 타이어를 갖고 텐션 높이며 놀다 지치면 물

속에도 뛰어들고 별 고민 없이 지내는 사자들도 있다. 사자우리 한쪽 높은 곳으로 홀로 비켜 앉아 동물원이란 무엇인지, 동물원에서 산다는 건 무엇인지 곰곰이 성찰하는 친구들도 있다. 그렇게 고고히 굴다가도 별 수 없이 식사 시간이면 내려가 닭고기 한 조각이라도 구해 먹어야 한다. 어느 무리에 속해 어떤 삶을 이어갈지는 각자의 선택이다. 앤소니 드 멜로의 《1분 지혜》에는 다음과 같은 노래가 나온다.

사회를 비판적으로 들여다보고 문제의 해결에 참여하되
이념의 명찰을 거부하고 이름 붙여진 무리에 소속되지 않기를.
주어진 틀과 경로에 매이지 않고 바람처럼 움직이길.

일이 일어나는 그대로 받아들이기.
과거에 미련과 아쉬움 없고 미래를 끌어다 놓고
미리 고민하며 불안해하지 않기.
밀면 밀리고 끌면 끌리는 것
돌풍 속의 깃털처럼 강물에 떠다니는 풀잎처럼…

꽃으로
때리다 _____

"꽃으로도 때리지 말라."

언제부터인가 우리가 흔히 인용하는 경구다. 2004년 무렵 배우 김혜자 선생이 기아와 가뭄, 폭력에 짓밟히는 아프리카 아이들과 함께한 여정旅程을 적어나간 책《꽃으로도 때리지 말라》이후 모두들 이 말을 가슴에 담아 둔 것으로 보인다. 물론 우리 사회는 이 말을 지구촌 전쟁과 기근, 난민 문제에 연결해 사용하진 않았다. 주로 가정폭력을 멈춰야 한다는 의미로, 아동학대를 그치라는 의미로 사용해왔다. 거슬러 올라가 짚어보자면 "꽃으로도 때리지 말라."는 아동에 대한 억압과 폭력을 멈추라는 교육철학의 명제다. 19세기 스페인의 명망 높은 교육자 프란시

스코 페레Francisco Ferrer의 평전을 박홍규 교수가 펴내면서
붙인 제목이《꽃으로도 아이를 때리지 말라》이다. 페레의
평생 지론이기도 한 이 문장은 "교육에는 아이가 가진 능
력을 키워주는 것 이외의 목적이 끼어들어선 안 된다."는
신념으로 이어진다.

그는 1901년 최초의 자유학교인 '모던 스쿨'을 설립
(1901)했다. 교실의 규모가 작고 자유로운 토론이 활발
히 펼쳐지며 교과서나 교재에 얽매이지 않는 교육을 지
향하면서, 새로운 지식을 신속히 가르치며 멀리 내다보
는 아이가 되도록 여행과 관찰을 통해 세상을 경험토록
하는 것이 그의 교육 방식이었다. 흔히 영국의 '서머 힐'
을 자유 교육의 메카처럼 여기지만 페레의 모던 스쿨은
그보다 한 세대를 앞서 세상에 아동 중심 교육을 외쳤다.
거기에 '남녀공학'과 '계급차별 없는 평등'까지 도입했다.
당시 교육은 국가와 종교(가톨릭)에 의해 지배받고 있었
다. 그럼에도 "'국가에 이로운 국민이 될 수 있는가'라는
잣대로 아이들을 유능한 아동, 무능한 아동으로 구별하는
건 폭력"이라는 것이 그의 신념이었다. 국가와 사회는 "아
이들을 가르치고 길러내는 게 아니라 그들이 스스로 자
라도록 도와주는 책무를 다해야 한다."고 주장했다. 국왕
과 교황이 이를 반가워할 리 없었다. 그러나 당시 아나키

스트였던 페레 역시 결코 물러설 수 없었다. 결국 페레는 교육을 권력으로부터 해방시키려다 왕의 미움을 샀다. 이럴 때 정치권력이 저항하는 이를 처단하는 방법은 '국가 전복'이라는 명패를 내걸고 십자가에 매다는 것이다. 페레는 1909년 '군사 반란 배후 조종'이라는 죄목으로 처형당한다. 그의 나이 50세 때 일이다. 훗날 세상은 그에게 최초의 '교육을 위한 순교자'라는 명예를 추서한다.

아랍 문화권으로 건너가보자. 이슬람의 영성 수도자 '수피'들의 이야기를 엮은 이드리스 샤흐Idries Shah의 《수피의 가르침The Way of the Sufi》에 소개된 짤막한 이야기를 옮기자면 이렇다. 존경받던 위대한 스승이 권력에 밉보여 이단자로 처형되기에 이른다. 광장에 꿇어 앉혀놓고 시민들이 저마다 돌을 던지거나 때려 숨지게 하는 '투석 처형'이 시작된다. 팔 하나를 잘리면서도 아픈 기색 하나 없이 평온한 얼굴로 죽음으로 나아가던 스승은 동문수학한 친구가 다가가 고심 끝에 들고 있던 꽃으로 내려치자 고통스럽게 몸부림치다 숨졌다는 것이다. 때로 돌보다 꽃이 더 아프다. 가까운 이로부터 날아오는 건 그저 소심한 '거리 두기'라 해도 고통스럽다. 꽃으로 툭 쳤는데 아플 리 없다? 부모의 잠깐의 외면도 마치 그 꽃처럼 아플 것이다.

꽃을 노래한 최고의 시인 중 하나는 네팔의 국민시인

두르가 랄 쉬레스타Durga Lal Shrestha다. "그러나 꽃을 밟은 상처는 아직도 아프다.", "꽃의 눈에는 세상이 모두 꽃이다.", "시들어야 한다는 걸 알면서도 꽃은 왜 피는가?" 그의 시어들은 저릿저릿하다. 쉬레스타가 시를 적어 내려간 시기는 네팔 왕정이 부패해 민중의 고통과 절망이 극에 이르던 때다. 쉬레스타는 사회 정의를 위해 앞장서 저항하며 자유와 개혁을 외치다 불순분자, 위험 인물로 낙인 찍혔다. 영국을 방문하고 귀국하려던 그는 입국 금지 조치를 당하고 타국을 떠도는 방랑의 세월을 견뎌야 했다.

꽃과 나

꽃을 키우는 것도 나 꽃을 껴안는 것도 나이건만 나는 그처럼 웃지 못하네
꽃은 한자리에 박혀 움직이지 않아도
향기 멀리 전해지건만
나 아무리 여기저기 돌아다녀도
누군가 행복해할

└ 《누군가 말해 달라 이 생의 비밀》, 두르가 랄 쉬레스타 지음, 유정이 옮김, 문학의 숲

향기 한 줌 뿌리지 못하네

향기 한 움큼 뿌리지 못하네

그는 그의 시집 《누군가 말해 달라 이 생의 비밀》에서 방랑하는 자신의 삶이 꽃 한 송이가 이루어내는 일에조차 미치지 못한 것을 한탄한다. 그러면서 한 송이 꽃이 겪는 고통에 괴로워한다.

불에 덴 상처는

시간이 해결해 준다

가시를 밟은 상처도 다 나았다

그러나 그대여 꽃을 밟은 상처

아직도 아프다[1]

꽃을 밟은 상처, 꽃으로 맞은 상처. 그것이 인생일까?

∟ 《누군가 말해 달라 이 생의 비밀》(두르가 랄 쉬레스타 지음, 유정이 옮김, 문학의 숲)에 수록된 〈짧은 사랑의 시〉 중에서

내가 누구인지 _____

말할 수 있는 사람은 _____

중국 황하 문명에서도 문학 작품 속에서 꽃으로 사람을 때리는 장면이 등장한다. 가장 유명한 작품은 당시唐詩에 등장하는 작자미상의 것과 고려 시대의 문인 이규보의 것인데 여인이 얄미운 낭군을 꽃으로 응징(?)하는 내용이다.

_____

牡丹含露眞珠顆, 美人折向庭前過.

모란꽃에 맺힌 이슬 진주 같구나.

미인은 꽃을 꺾어 들고 뜰 앞을 지나다

含笑問檀郎, 花强妾貌强?

미소를 머금으며 낭군에게 묻는다.

꽃이 예뻐요, 제가 예뻐요?

檀郞故相惱, 須道花枝好.

　　낭군 잠시 생각하는 듯하더니

　　짐짓 꽃이 더 예쁘단다.

一向發嬌嗔, 碎挼花打人.

　　미인은 뽀로통 입술을 내밀더니

　　꽃가지 들어 꽃잎 뭉그러지도록 낭군 때리네.

이규보의 절화행折花行은 "꽃보다 제가 더 예쁘죠?"라고 답을 바라는 장면까지는 똑같고 후반부에 이르러 살짝 달라진다. 우선 잠시 생각하는 것이 아니라 짓궂게 장난을 친다.

檀郞故相戱

　　낭군은 짐짓 장난치며 말하길

强道花枝好

　　"꽃이 당신보다 예쁘오."

美人妬花勝

　　미인은 그 말에 토라져

踏破花枝道

　　꽃을 밟아 뭉개며 말하기를

花若勝於妾

　　"꽃이 저보다 더 예쁘거든,

今宵花同宿

　　오늘 밤은 꽃과 함께 주무세요."

　우리가 배운 건 이규보의 〈절화행〉이다. 꽃으로 때리는 것이 아니라 꽃을 밟아버리는 걸로 바뀌었다. 오늘의 주제는 '꽃으로 때리다'이니 맞을 짓을 한 낭군과 꽃잎이 뭉개지도록 낭군을 때린 여인에게로 돌아가 보자. 첫 번째 물음은 '누가 먼저 때린 것으로 보아야 할까'이다. 신체적·물리적 행동으로야 여인이지만 언어로 짐짓 한 방 날린 건 남성이라고 봐야 하지 않을까 싶다. 앞글에서의 주제 '꽃으로도 때리지 마라, 아니 꽃으로 때리는 것이 더 아프다'로 따지자면 여인이 꽃으로 토닥토닥 때린 것보다 기다리는 간절함을 외면하고 꽃이 더 예쁘다고 놀린 게 더 아플 수도 있겠다. 그래도 이건 연인들끼리의 말 그대로 토닥거림이자 가벼운 사랑놀이이다. 오늘날에 와서 '꽃으로 때리다'라는 명제는 가정폭력, 아동학대라는 심각한 사회문제를 고발하는 데 쓰였고 최근엔 환경운동으로 건너가기도 했다. 2016년 봄으로 기억하는데 환경운동연합 회원들이 "바다는 쓰레기장이 아니다."라고 외치며 강바닥을 긁어낸 준설토를 바다에 버리지 말라고 규탄할 때 이 구절이 다시 등장한다. "이 바다를 꽃으로도 때리지 말라." 바다도 꽃으로 때리지 말자는데 하물며 사람이랴 하겠지만 가시 돋은 말로 이웃을 때리고 괴롭히는 예는 인간 세상 어디고 널려 있다.

가장 심각한 예를 들어본다면 최근 몇 년 성소수자들을 향해 퍼부어진 기독교계의 폭력이 있다. 개신교든 가톨릭이든 성소수자를 인정하지 않는 건 같다. 동성끼리의 결혼 역시 결코 받아들이지 못한다고 신구교 모두 못 박고 있다. 그럼에도 불구하고 개신교의 성소수자 차별이 더 극렬한 건 어떤 이유에서일까? 그것은 상대의 아픔에 대한 최소한의 공감 능력 또는 인간으로서의 예의를 가르친 천주교와 달리 개신교는 혐오와 차별을 최대한 끌어내 폭발시키려 했기 때문이다. 그리고 어느 쪽이 자제와 통제의 시스템을 갖추고 있느냐의 문제이기도 하다.

한국 천주교의《가톨릭교회 교리서》2,358장에는 이

렇게 규정하고 있다.

객관적으로 무질서인 동성애 성향은 그들 대부분에게 시련이 되고 있으므로 그들을 존중하고 동정하며 친절하게 받아들여야 한다… 그들에게 어떤 부당한 '차별의 기미'라도 보여서는 안 된다.

이어 2,359장.

동성애자들은 정결을 지키도록 부름을 받고 있다. 내적 자유를 가르치는 자제의 덕으로 때로는 사심 없는 우정의 도움을 받아서, 또한 기도와 성사의 은총으로 그들은 점차 그리고 단호하게 그리스도교적 완덕에 다가설 수 있고 또 다가서야 한다.

결코 '차별의 기미'도 보이지 말라는 것이다. 그리고 교회 안에 들어와 있는 사람과 차이 없이 기독교의 은총과 신앙에 다가설 수 있도록 도와야 한다고 규정하고 있다. 그러나 개신교는 최소한의 자제와 통제 시스템마저 갖춰져 있지 않다. 천주교의《간추린 사회교리》154장은

"인권은 개인적으로뿐 아니라 전체적으로 수호되어야 한다. 부분적 인권 수호는 인권을 인정하지 않고 있다는 것을 의미한다."라고 규정한다. 차별과 혐오를 폭넓게 정의해 금지토록 해야 한다는 의미로 읽힌다. 누군가가 자기가 원하는 삶의 방식, 자신의 지향대로 살지 못하면 그것 자체로 차별이다. 그것을 당연하다며 차별을 구조화하고 고치지 않는 것은 낙인을 찍는 것이고 혐오하는 것이다.

인간의 존엄은 '함께 살 가치가 있다, 없다' 또는 '함께 할 만 하다, 아니다'를 따지지 않는 데서 시작된다. 왜 누구는 사회와 역사 속에서 끊임없이 누구를 심판하며 받아줄까 말까를 계산하고 누구는 소스라치게 놀라 도망다니고 웅크린 채 심판을 견디어야 하는가? 인류학자 김현경 박사가 일러준 가슴 뭉클한 한마디가 있다. "자기가 누구인지 말할 수 있는 사람은 자기뿐이다." 그런데 21세기 오늘에 와서도 "네가 누구인지 내가 일러주마, 넌 우리 공동체가 받아줄 수 없는 그 무엇이야."라고 거침없이 폭력을 휘두르는 이들은 누구인가? 그리고 그것이 종교의 이름, 기쁜 소식을 전파한다는 기독교의 이름으로 행해지는 건 비극이다. 그 혐오와 낙인찍기는 주술과 다를 것이 없다. 예수 그리스도가 설파한 것이 기쁜 소식, 복음이라면 그것은 일부 기독교인의 시각에 의해 좁혀질 게 아니라 더 넓은 세상을 향해 누구에게나 반가운 포괄적인 복음이 되어야 한다.

당신은

무슨 꽃인가

차별금지를 논함에 있어 천주교도 성소수자에 대해 개신교보다 상대적으로 부드럽지만 어느 선에 이르면 냉담해진다. 한국천주교주교회의 생명윤리위원회 성명을 보면 "차별금지법안이 부당한 차별에 따른 인권 침해를 예방하고 실효성 있는 구제 법안이 되기를 기대한다."고 말하면서 "법안 일부 조항에 대해 우려를 표한다… 차별금지법안이 명시적으로 동성혼을 언급하고 있지는 않지만… 한 인간의 성적 성향과 정체성은 인종, 성별, 연령과 동일시될 수 없는 것으로… 성 소수자에 대한 차별과 혐오를 반대한다고 해서 동성혼 합법화를 인정하는 것은 아님을 분명히 밝힌다."고 못 박는다.

불교계의 대표적 종단인 조계종의 입장을 살피자면 차별금지법 제정에 대한 전면적 찬성이라고 봐야 한다. 대한불교조계종 종교평화위원회가 전국 주요 사찰과 기관에 배포한 책자는 이렇게 적고 있다. "나와 다른 것이지 틀린 것이 아니다… '신분과 계급을 뛰어넘은 평등 승가의 원칙', '나와 같이 남을 사랑하라는 동체대비의 가르침' …불자들이 불교적 시각에서 당당하게 차별금지를 주장하고 사회적 불의에 대응해 나갈 수 있기를 바란다."

조계종 종교평화위원회의 입장을 읽으며 떠오르는 인물이 있다. 20여 년 전 세상을 떠난 이산 도시Issan Dorsey다. 미국 캘리포니아 태생인 이산은 고교 시절 자신의 성정체성이 게이임을 알았다. 고교 졸업 후 해군에 입대했지만 성정체성 및 관련된 행위들로 조기에 전역했다. 그 후의 10년은 파란만장이란 표현을 붙일 만하다. 거리를 떠돌아야 했고 끊임없이 마약에 의존해야 했고 갱단과도 어울렸다. 게이쇼에서 꽤나 유명한 스타로 활약하기도 했다. 그렇게 미국 전역을 떠돌다 1964년 샌프란시스코로 돌아왔는데 당시 샌프란시스코는 히피와 마약이 들어찬 암울한 도시였다. 어떤 인연이었는지 이산은 동양에서 온 괴상한 노인을 만나게 되는데 그가 스즈키 순류 선사다. 일본의 조동종 소속으로 당시 별명은 '못생기고 쓸모없어 보인다'는 의미의 '구부정한 오이crooked cucumber'였다. 알 수 없는 힘에 의해 스즈키 슌류에게 끌리듯 다가간 이산은 그때부터 선사의 곁을 지키며 참선에 나선다. 스즈키 선사는 이산의 영어를 알아듣지 못하고 이산은 스즈키 선사의 엉터리 영어를 알아듣지 못했지만 스승과 제자는 그렇게 뭔가를 주고받는다. 이산도 훗날 그때를 돌아보며 "그 이상한 노인의 영어를 하나도 알아들을 수 없었음에도 그가 행하는 어떤 집회도 빼먹을 수 없었다."고 회상한다. 그는 샌프란시스코 선원에서 자신의 과거를 숨길 것도 없이 모두 공개하고 구도의 길에 들어선다. 꽤나 세련되고 교양 있는 서양 지식인들의 영역이던 샌프란시스코 선禪불교계에서 이산은 조용히 거침없이 자신의 길을 갔다. 그리고 독립한 뒤 1980년 '게이 부디스트 펠로우십', 게이 불자회를 이끌었다. 그때는 샌프란시스코에 에이즈가 번지며 사람들이 공포에 휩싸이기 시작하던 시기. 청년들이 절망 속에서 쓰러져 가자 이산은 자신의 선원 안에 병원을 만들어 에이즈 환자들을 돌보는 호스피스를 시작했다. 그리고 자신도 결국에는 HIV 양성판정을 받았다.

"내가 에이즈에 안 걸릴 이유가 있겠어요? 내 삶이 그렇게 흘러왔는데. 당연한 거죠. 그게 나만 빼놓고 지나가야 할 이유는 없잖아요."

그리 살아왔으니 그들을 잘 알고 거리생활이 어떤 것인지도 알았기에 위선이나 허세를 부릴 이유가 없었다. "우리의 청정한 마음 그 본질이 모르핀 좀 했다고 변하는 건 아니다."라는 말로 에이즈 환자들을 변호하고 격려하면서 모두를 인정하고 끌어안았다.

그때 개신교계의 보수적인 세력들은 게이들의 죄에 대해 신의 분노가 내려진 결과가 에이즈라고 공격해댔지만 이산은 공개토론회에 참석해 현실을 선과 악, 죄와 구원이라는 이원론적 패러다임으로 해석하는 걸 경계하라고 충고했다. 이산의 이야기를 들려주며 누군가가 했던 이야기가 떠오른다.

"해바라기 꽃으로 태어났으면 햇살 속에서 뜨겁게 꽃을 피워야 하고 달맞이꽃이 되었으면 달빛 속에서 환한 꽃을 피워야 하는 게 아닐까? 어디서든 어떻게든 생을 꽃피우는 게 사람이 사는 거지."

그래서 나는 기독교인으로 태어났으니 '차별과 배제, 평등과 복음을 놓고 기독교는 어떤 꽃을 피워야 할까?' 내가 피울 꽃은 어떤 꽃일까를 생각한다.

불가에서는 이런 화두話頭가 있다.

"이 지팡이는 너무 긴가, 아니면 너무 짧은가?"

그것은 짧은 이에겐 길고 기다란 이에겐 짧다. 각자가 기대하고 욕구하는 것이 기준이 되어 길고 짧음이 이야기되는 것이다. 스스로 답해보자. 포괄적 차별금지법은 너무 긴가? 아니면 너무 짧은가?

길이 우리를 속이고 _____

우리가 길을 속이고 _____

서울 종로경찰서 맞은편에서 계동 중앙고교 쪽으로 가다
보면 한옥을 개조한 베이커리 카페가 나타난다. 주소로는
종로구 계동 146번지 1. 높이가 꽤 되는 솟을대문이 있고
간판은 〈Onion〉이라 걸려 있다. 예전에는 한의원, 그다음
은 유명 한정식집이었던 한옥이다. 90년쯤 전인 1934년
무렵에 지어졌으니 당연히 집주인도 예사롭지 않다. 주인
집안의 내력을 살피자면 대한제국의 참정대신이었던 강석
한규설에서 시작된다. 을사늑약을 끝까지 반대했고 남작
작위를 받으라 통고가 내려졌지만 더러운 벼슬을 받지 않
겠다고 저항해 수절守節 인사로 분류된다. 무인 출신이라 강
골이었고 일제의 감시하에 살아야 했다. 〈미스터 션샤인〉

에 등장하는 고종의 밀서 등을 맡았던 측근이 한규설 대감을 모델로 하고 있다. 그 손주 분 중 하나가 우석 한학수 선생인데 이 카페로 쓰이는 건물을 지은 주인공이다.

시대를 건너뛰어 해방공간으로 옮겨보자. 일제가 항복·패망했다는 소식이 전해진 직후 1945년 8월 18일, 계동 146번지 한옥 사랑방에 우파 인사들이 모인다. 여기서 만들어진 최초의 우파 정당이 고려민주당이다. 8월 28일에는 이 사랑방에서 조선민족당이 창당된다. 사회민주주의 색깔을 띤 민주당계 정당의 효시이니 지금의 더불어민주당의 뿌리라 할 수 있다. 9월 15일 중도좌파를 이끄는 여운형과 우익 원세훈 간의 좌우합작 회동이 이뤄진 곳도 이곳이다. 지금은 인스타그램에 올릴 예쁜 한옥 카페 인증샷에 열중하는 젊은 세대로 붐빈다. 환한 웃음을 날리며 즐거워하는 청춘들이야말로 그 어른들이 갈망했던 조국의 모습일 테니 그렇게 밝게 웃고 즐거워함으로 족하다 하겠다.

계동 한옥에서 나와 안국역 사거리를 지나 종로로 나아가면 3·1 만세운동 독립선언서가 낭독된 탑골공원 사거리다. 오른쪽으로 꺾어 서울 YMCA를 지나면 장안빌딩이 나온다. 건물 앞에 '김상옥 의사 의거터'라는 표지석이 세워져 있다. 의열단 김상옥 의사가 1923년 1월 종로

경찰서(지금의 자리로 이전하기 전)에 폭탄을 던진 곳이고 1945년 8월 해방 후 최초의 정당인 장안파 공산당이 결성된 곳이다. 한반도의 공산주의 세력은 1920년대부터 일본 경찰의 추적과 검거에 쫓겼고, 무너지면 재건하고 무너지고를 반복하며 5차 공산당까지 진행됐다. 광복절이 된 8월 15일 밤, 장안빌딩에 공산주의·사회주의 모임이 즉각 열릴 수 있었던 배경이기도 하다. 서울청년회(서울파), 북풍회, 화요회, 상해파 등이 대거 모여 밤새 조선공산당 재건을 토론하고 이튿날 장안빌딩에는 '조선공산당'이라는 간판이 내걸린다. 그래서 약칭 장안파 공산당이다. 이때 참여한 멤버들을 투쟁 성향으로 분류하기도 하는데 탄압과 내부 분열을 거듭하다 전향하거나 투쟁을 접은 사람들로, '청산파', '좌절파'가 있고 체포돼 감옥살이를 하고 나온 '순결파'가 있다. 소위 순결파를 이끈 인물이 박헌영이다. 박헌영은 장안파 공산당을 무너뜨리고 9월 11일 조선공산당을 발족시킨다. 그 뒤 여운형의 조선인민당, 백남운의 남조선신민당 등 좌익계 정당들과 합당하며 남조선노동당, 우리가 남로당이라 부르는 정당을 이끈다. 격동기 그들의 꿈은 신념이 되고 신념은 이념을 찾고, 그 이념은 역사의 소용돌이 속에서 집념이 되고 집념은 야망이 되고 더 크고 힘 있는 세력에게 헛되이 이용당하기도 했다. 오늘 이 자리에서 그들이 이 나라를 바라본다면 어떤 상념에 잠길까 상상도 해본다. 긴 이야기를 적어 내려가는 건 민족의 현실과 정세에 대한 단편적인 생각보다 우리가 어디에서 와 어디쯤 머물고 있는지를 적고 싶었기 때문이다. 이렇게 보아야 더 멀리 앞을 내다보고 지금의 우리 모습이 조금은 더 뚜렷이 보일 수 있다고 여기기 때문이다. 해방 공간에 펼쳐진 숱한 길들 중 어느 길이 옳았을까? 어느 길이든 옳게 걸어갔다면 다시 만나 함께 갈 수 있는 길이었는데 옳게 가지 않은 것이 문제일까? 때론 길이 우리를 속이고 때론 우리가 길을 속인다. 그래서 지금 여기에 있고 또 길을 놓고 다투고 있는 것이다.

함께하는 오늘을
더 힘껏 안을 수 있기를

결혼해 아이들을 낳고 기르게 되었을 때 드디어 나도 가정家庭을 꾸렸다고 생각했다. 외손주가 생기면서는 가정이 아닌 가문家門을 생각한다. 가정과 가문은 다르다. 사전적 정의로도 가정은 부부를 중심으로 한 생활공동체를 가리킨다. 가문은 부계에 의한 친족집단이고 가훈과 가풍 등 규범과 나름의 이념 체계를 갖는다. 세상이 바뀌었으니 여기서 '부계'는 떼어내려 한다. 사돈댁에서 동의해 주실지 모르겠으나 사위와 외손주 역시 나의 가문 구성원으로 생각하고 싶다. 아들이 가정을 꾸리면 며느리와 친손주가 합류할 거다. 나의 가문에선 다들 아들, 딸, 손주로 불리고 서로가 가족으로 여기길 바란다. 그건 각자의 몫으로 남겨두고, 내게 주어진 문제는 족보와 가풍을 잇는 것이다. 이 시대에 참으로 고리타분하다 타박받을 일이겠으나 간략히 적어보니 혹여 우리 가문은 어땠을까 뒤져보는 것도 나름 의미 있으리라 기대해본다.

나의 성 씨는 변卞, 본관은 '초계草溪'이다. 2,500년 전쯤의 일이다. 중국 연나라는 북방 유목민(고조선의 옛 영토)의 침략을 막고자 토성을 쌓기 시작하고 고조선이 국가로서 기틀을 잡아가는 것을 제압하고자 수시로 침략한다. 그곳에 살던 부족들이 서해안을 따라 남으로 내려가 일부는 삼한(마한·진한·변한) 중 마한馬韓이 된다. 2,300년 쯤 전이다. 그때 중국에선 진秦나라가 대륙을 통일하는 대격변이 벌어지고 진시황은 정복한 나라들의 성벽을 이어 만리장성을 쌓기 시작한다. 이때 만리장성 강제노역을 피해 북방 부족민들이 다시 한반도로 이동하는데 일부는 남해안에 머물며 변한弁韓이 되고, 더 동쪽으로 나아간 세력은 진한辰韓이 된다. 그러다 지금으로부터 2,100여 년 전인 서기 108년에는 경주를 기반으로 한 사로국(후에 신라)이 초팔국(합천, 초계)과 다벌국(대구), 비지국(경주 인근)을 정복한다. 초팔국은 신라에 복속돼 초팔혜현으로 바뀌고 650년 뒤 신라 경덕왕 때 팔계현, 고려 태조 왕건 때 '초계草溪'란 이름을 얻는다.

본관이 된 초계라는 곳의 유래는 이러하다. 그렇다면
변 씨는 어디서 시작됐을까? 지금으로부터 3,100년 전 쯤
중국 주나라 문왕이 아들에게 하사한 성씨다. 그러다 서
기 743년 당나라에서 예부상서를 지낸 변원卞源이라는 인
물이 당나라 왕의 명을 받아《효경孝經》이란 귀한 책을 갖
고 신라에 사절이자 감독관으로 온다. 그리고 신라에 정
착해 한반도에 변 씨가 등장한다. 신라 경덕왕이 초팔혜
현을 팔계로 고칠 때이다. 신라의 팔계는 고려가 되면서
초계로 바뀌는데 고려 성종 때 과거 시험에서 문과 급제
한 변정실卞庭實이 문하시중(행정장관) 직책까지 오르고
팔계군八溪君에 봉해진다. 그 팔계군 문열공 변정실이 초
계 변 씨의 시조이다. 이렇게 초계 변 씨의 잃어버린 족보
퍼즐 맞추기가 끝난다. 추론하건데 북방에서 강제 노역을
피해 떠난 유랑민의 후예로부터 초팔국, 삼한시대, 삼국
시대, 고려, 조선을 거쳐 대한민국에서 초계 변 씨 28세손
인 내게까지 이르는 것이다. 이후로는 위키백과에 등장한
다. 사람들이 주목하지 않는 한 가지만 이야기하자면 충
무공 이순신 장군의 어머니가 초계 변 씨이다. 그런 연유
로 남해안 지역에 모여 살던 초계 변 씨 장정들은, 또 변
씨 집안에 장가 든 사위들은 임진왜란 때 이순신 장군 밑

으로 모이게 되고 거북선 함대를 이끈다. 이들이 대거 참전한 대표적인 전투는 노량해전, 명량해전이다.

흔히 가문을 거론하면 벼슬하고 이름 날린 사람들 중심으로 훑지만 그건 그들 방식이고 내 방식은 아니다. 포악한 통치와 착취를 피해 떠돌아야 했던 굶주린 북방부족에서 전쟁 통에 가족들을 묻어야 했던 조선의 백성을 기억하는 것이 내 방식이다. 내 가문에 몸담은 이들 역시 이런 역사관과 세계관으로 한 번쯤은 내 가문과 나라와 세상을 살펴봐 주길 바라는 바다.

여기서 이야기의 무대를 다시 2,300년 전 만리장성으로 옮겨보자. 만리장성을 쌓다 보니 자꾸 무너지며 공사 진척이 더디었다. 고심하는 황제에게 누군가가 사람을 산 채로 묻어 희생 제물로 삼으라 훈수를 둔다. 지배자 옆에는 꼭 그런 인간들이 있다. 또 못 돼먹은 지배자일수록 그런 충고에 솔깃해 한다. 숱하게 희생된 사람 중에 만리장성 완성과 함께 매장된 노동자는 만 씨 청년이었다. 그런데 부인 맹강이라는 여성이 남편을 찾아 먼 길을 걸어 만리장성에 이르렀고 남편을 못 찾아 통곡하니 성벽이 또 무너지는 것이 아닌가. 황제는 맹 씨 부인을 달래려 부인이 원하는 대로 희생자를 기리는 제단을 높이 쌓았다. 그런데 맹 부인은 제단에 올라 황제의 포악함을 세상에 소리쳐 고발하고 강으로 몸을 던졌다. 황제는 노하여 부인의 시신을 갈기갈기 찢어 강에 버렸다. 그러자 부인의 살점과 뼛가루는 작은 은빛 물고기로 변하여 더 커다란 세상을 향해 나아갔다고 한다. 나는 그 은빛 물고기의 후예인 것이다.

대만의 신학자 송천성이 '아시아인의 아시아인으로서의 신학'을 주창하며 들려준 이 작은 이야기는 젊은 시절의 나를 흔들었다. 포악한 권력자여서도 안 되고, 그 옆에서 되도 않는 조언을 던지는 추잡한 지식인이 되어서도 안 된다고 생각했다. 사람을 묻으라면 묻고 찢으라면 찢는 비참한 병졸이고 싶지도 않았다. 그제야 만리장성과 피라미드의 돌덩이 하나하나가 누군가의 피와 고통임이 보이기 시작했다. 거대한 교회 건물이 불쾌하게 여겨지기 시작했다. 세상에서 성공할 사람은 정해져 있다. 사람을 쉽고 간단하게 희생시키는 사람, 자연을 창의적으로 파괴해버리는 사람, 조금 일하고 많이 챙기는 데 익숙한 사람들이다. 그 약삭빠름과 교활함의 유혹으로부터 멀어지려는 부단한 노력이 인간으로서의 고상한 품격을 유지하는 길임을 알게 됐다. 시대를 바로 살피고 군림에서 멀고자 하며 삶은 경건하고 이웃에게 옹색하지 말아야 한다고 생각했다.

대개 이 나이쯤 되면 "아들아, 딸아. 너희는 이렇게 살아라." 하며 일장 훈시도 하고 눈물 찔끔할 만한 편지글도 써 남기고 하던데 내게는 그럴 만한 가르침이 없다. 우리 집안은 그렇게 감정 짜내고 트렌드 좇지 않는 걸 전통으로 삼고자 한다. 특정 종교를 강요하지도 않는다. 정치적 이념도 분명히 세우고 싶지 않다. 강요가 될 것이니까. 오히려 인간을 옥죄는 모든 지배 권력과 이데올로기를 거부하고 거리를 두라 하고 싶다. 무엇에도 사로잡히거나 종노릇하지 말고 당당히 자유인으로 살아가기를 바란다. 살아온 내 이야기 몇 줄을 적자면 이리저리 흔들리고 실수하며 눈치껏 살았다. 그래도 제법 즐거웠고 보람도 있었다. 물론 그중 하나가 가정을 이루며 은총처럼 다가온 아내와 아들. 딸. 사위. 손주… 나의 가족이다. 이제 곧 며느리와 손주가 역시 축복 속에 나를 만나러 올 거라 생각하면 설레기도 한다. 그러고도 내가 사랑했고 나를 사랑해 준 사람들이 얼마나 많았던가. 다만 사랑하는 것에 서투르고 사랑받는 것에도 미숙했기에 용서를 구하고 싶다. 그렇지만 내가 세월을 타고 노닐다가 세상을 떠나고 나면 다들 나를 잊어주었으면 좋겠다. 어릴 적 품었던 장난감을 어느새 까맣게 잊어버리듯 그렇게 기억에서 지워주면 좋겠다. 세상에 나로 인한 서운함도 나에 대한 그리움도 굳이 남아 있을 필요가 뭐 있겠는가. 종소리도 한 번 울려 퍼지면 적당히 잦아들다 사라지는 게 마땅하듯 사람의 흔적도 그럴 것이다. 어쨌거나 오늘 살아 있고 함께 하고 있어 좋다. 오늘을 더 웃고, 삶을 더 기꺼이 껴안을 수 있기를 바랄 뿐이다. 희망을 품고 더 자신 있게 사랑하면서.

두 사람이 걷는 법에 대하여

© 변상욱

초판 1쇄 발행 2021년 11월 08일
초판 4쇄 발행 2022년 7월 7일

지은이 변상욱
펴낸이 박지혜

기획·편집 박지혜 **마케팅** 윤해승, 정동철, 윤두열 **경영지원** 황지욱
디자인 강경신
제작 더블비

펴낸곳 ㈜멀리깊이
출판등록 2020년 6월 1일 제406-2020-000057호
주소 03997 서울특별시 마포구 월드컵로20길 41-7 1층
전자우편 murly@humancube.kr
편집 070-4234-3241 **마케팅** 02-2039-9463 **팩스** 02-2039-9460
인스타그램 @murly_books
페이스북 @murlybooks

ISBN 979-11-91439-09-0 03100

본문에 인용한 글들은 각 출판사에 문의하여 출처를 밝히고 수록하였으며, 저작권자가 명확하게 확인되는 작품에는 저작권료를 지불하였습니다. 혹여 저작권 확인이 누락된 작품에 대해서는 추후 확인되는 대로 절차에 따라 계약을 맺고 저작권료를 지불하겠습니다.